形势与政策

甘　玲　主编

撰稿人（以姓氏笔画为序）

甘　玲　朱晨静　刘建民
李鉴修　倪　峰　解占彩

燕山大学出版社

2018・秦皇岛

图书在版编目（CIP）数据

形势与政策 / 甘玲主编. 一秦皇岛：燕山大学出版社，2018.8
ISBN 978-7-81142-653-3

Ⅰ. ①形… Ⅱ. ①甘… Ⅲ. ①时事政策教育－高等学校－教材
Ⅳ. ①G641.41

中国版本图书馆 CIP 数据核字（2018）第 114990 号

形势与政策
甘　玲　主编

出 版 人：陈　玉
责任编辑：朱红波
封面设计：朱玉慧
出版发行：燕山大学出版社 YANSHAN UNIVERSITY PRESS
地　　址：河北省秦皇岛市河北大街西段 438 号
邮政编码：066004
电　　话：0335-8387555
印　　刷：秦皇岛墨缘彩印有限公司
经　　销：全国新华书店

开　　本：889mm×1194mm　1/32　印　　张：5.25　字　　数：108 千字
版　　次：2018 年 8 月第 1 版　印　　次：2018 年 8 月第 1 次印刷
书　　号：ISBN 978-7-81142-653-3
定　　价：22.00 元

前　　言

“形势与政策”课是高校思想政治理论课中的一门必修课程，是对学生进行形势与政策教育的主渠道和主阵地。与其他思政课相比，“形势与政策”课具有理论武装时效性、释疑解惑针对性、教育引导综合性等特点。学习本课程有助于帮助大学生正确认识新时代国内外形势，深刻领会党的十八大以来党和国家事业取得的历史性成就、发生的历史性变革、面临的历史性机遇和挑战，准确理解党的基本理论、基本路线、基本方略，正确认识世情和国情，认清我们所处的“时”和“势”，增强机遇意识、忧患意识、责任意识，奋发有为，为实现中华民族伟大复兴的中国梦而努力。

为了更好地进行“形势与政策”课教学，根据教育部《关于加强新时代高校“形势与政策”课建设的若干意见》（教社科〔2018〕1 号）精神，结合教育部印发的《高校“形势与政策”课教学要点（2018 年上辑）》，我们编写了这本《形势与政策》（2018 版）教材，并为该课程制作了视频资料，既方便教师备课和教学，又有助于提高广大学生的学习兴趣。

本书在编写过程中，努力体现权威性、前沿性、完整性，在内容选取上紧扣要点，在体例设置上贴近教学，在教学安排上贴近学生，不仅可以作为高等院校以及高职院校“形势与政策”课程的教材，还可以作为对高校学生进行思想政治教育的学习读本。

《形势与政策》教材编写组

2018 年 7 月

目　　录

专题一　进入新时代　谱写新篇章
——十九大精神解读

2017 年 10 月 25 日，中国共产党第十九次全国代表大会胜利闭幕，这是我们党在全面建成小康社会决胜阶段、中国特色社会主义进入新时代的关键时期召开的一次十分重要的大会。这次大会上，我们党在政治上、理论上、实践上取得了一系列重大成果，就新时代坚持和发展中国特色社会主义的一系列重大理论和实践问题阐明了大政方针，就推进党和国家各方面工作制定了战略部署，是我们党在新时代开启新征程、续写新篇章的政治宣言和行动纲领。

那么，如何看这次历史性的盛会？为什么说中国特色社会主义进入了新时代？如何理解新时代中国特色社会主义思想？下面，我们将从三个方面解读。

一、继往开来的盛会

党的十九大，是在全面建成小康社会决胜阶段、中国特色社会主义发展关键时期召开的一次十分重要的大会，承担着谋划决胜全面建成小康社会、深入推进社会主义现代化建设的重大任务，事关党和国家事业继往开来，事关中国特色社会主义前途命运，事关最广大人民根本利益。

（一）十八大以来的历史性变革

党的十八大以来的5年，是党和国家事业取得历史性成就、发生历史性变革的5年。以习近平同志为核心的党中央，科学把握当今世界和当代中国的发展大势，顺应实践要求和人民愿望，解决了许多长期想解决而没有解决的难题，办成了许多过去想办而没有办成的大事，推动党和国家事业发生了深刻的历史性变革。

视频1：伟大的历史性变革

知识拓展：为什么说十八大以来的5年是历史性变革？

历史的发展是有规律的，我们可以从不断重复的历史现象中寻找规律。对党的十八大以来的5年进行回顾和总结，必须坚持和运用科学的方法，正如习近平总书记所强调的："认识和把握我国社会发展的阶段性特征，要坚持辩证唯物主义和历史唯物主义的方法论。"因此，要从历史和现实、理论和实践、国内和国际等的结合上进行思考，从我国社会发展的历史方位上进行思考，从党和国家事业发展大局出发进行思考。

实现现代化和中华民族伟大复兴是近代以来中国历史发展的一个主轴和一条主线。回顾和总结党的十八大以来的5年，就要对标和找寻这5年在主轴和主线上的历史坐标点。因此，要把这5年放到改革开放40年的历史中去认识，放到新中国成立近70年的历史中去认识，放到党的90

多年的历史中去认识，放到近代中国170多年的历史中去认识，更要放到中国5000多年的历史中去认识，还应当放到世界社会主义500年的历史中去认识。

中国的发展离不开世界。回顾和总结党的十八大以来的5年，还应当将中国与现实的世界作一个比较。可以与其他发展中的大国比，与其他新兴经济体比，与西方发达国家比，与所有具有可比性的国家和经济体的一切可比的方面比，从比较中得出令人信服的结论，从比较中说明事物的本质和规律性的问题。

党的十八大以来，我们党和国家事业发生历史性变革的最根本原因是党的坚强领导和党的创新理论的正确指引。具体地讲，就是有以习近平同志为核心的党中央的坚强领导，有习近平总书记系列重要讲话精神和治国理政新理念、新思想、新战略的正确指引。党的十八大以来，党和国家事业发生的历史性变革，是深层次的、开创性的、根本性的。这些变革所解决的问题是历史本身提出来的，以习近平同志为核心的党中央勇敢直面时代课题，领导全党和全国人民进行具有许多新的历史特点的伟大斗争，推动中国特色社会主义进入新时代，并在伟大实践中创立了习近平新时代中国特色社会主义思想。这一系列历史性变革，对于党和国家事业长远发展，对于实现“两个一百年”奋斗目标、实现中华民族伟大复兴的中国梦，将产生重大而深远的影响。

（二）聚焦民族复兴的十九大

100多年前，西方列强用坚船利炮打开中国大门，从那时起，中国人民为实现国家富强探索各种方案，中华民族伟大复兴便成为中国人民最伟大的梦想。今天，我国经济实力、科技实力、国防实力、综合国力进入世界前列，中华民族正以崭新的面貌屹立于世界的东方。中国特色社会主义进入了新时代，我们比历史上任何时候都更接近、更有信心和能力实现中华民族伟大复兴。然而，中华民族伟大复兴绝不是轻轻松松、敲锣打鼓就能实现的，既需要党团结带领全国人民一件事情接着一件事情办、一年接着一年干，更需要高瞻远瞩的顶层设计和战略部署。

党的十九大报告回答了新时代坚持和发展中国特色社会主义的总目标、总任务、总体布局、战略布局和发展方向、发展方式、发展动力、战略步骤、外部条件、政治保证等基本问题，为中华民族伟大复兴指明了奋斗方向，提供了奋斗指南和行动纲领。

视频 2：聚焦民族复兴的十九大

所以，党的十九大，是在全面建成小康社会决胜阶段、中国特色社会主义发展关键时期召开的一次十分重要的大会，承担着谋划决胜全面建成小康社会、深入推进社会主义现代化建设的重大任务，事关党和国家事业继往开来，事关中国特色社会主义前途命运，事关最广大人民根本利益。

（三）深刻影响世界的十九大

十九大报告总结中国共产党过去 5 年的治国理政经验，鲜明提出新时代中国特色社会主义思想，使科学社会主义

焕发强大生机。高扬的中国特色社会主义伟大旗帜，让世界看到社会主义经过500年发展，仍具有旺盛的生命力。

英国48家集团俱乐部主席斯蒂芬•佩里表示，过去5年，在习近平总书记的领导下，中国不断深化改革，推动经济实现再平衡和高质量增长，为建设中国特色社会主义打下了坚实基础。

俄罗斯科学院远东研究所政治研究和预测中心主任安德烈•维诺格拉多夫说，中国特色社会主义道路的成功实践，拓展了发展中国家走向现代化的途径。

肯尼亚众议院议员罗伯特•希基穆•希坦基表示，非洲各国政党需要以中共为榜样，领导国家走出一条适合自己的路。

“中共将为破解中国发展难题、应对全球挑战提出系统方案……”十九大确立的一系列新方略，将为解决人类共同面临的问题贡献中国智慧，让各国得到有益借鉴。

英国广播公司报道说，十九大是一次“站在世界地图前”召开的大会——中国正在成为全球市场之网中“新的服务器”，“站在世界地图前”谋划维护世界和平与促进共同发展的中国共产党，将为世界经济的未来提供新的智慧与方案。

法国前总理德维尔潘表示，相信在中国共产党的领导下，中国将在以往成就的基础上继续向世界提供宏伟的中国方案。

视频3：深刻影响世界的十九大

以十九大为起点，中国与世界的互动将呈现崭新气象，在中国共产党领导下，中国理念、中国智慧、中国方案、中国实践将在国际舞台上展现更大影响力、感召力、塑造力，在人类文明进步、和平发展的大潮中展现更大作为。

二、中国特色社会主义进入新时代

习近平总书记在党的十九大报告中明确指出，经过长期努力，中国特色社会主义进入新时代，这是我国发展的新的历史方位。新时代与新阶段、新矛盾、新目标紧密联系，构成了习近平新时代中国特色社会主义思想的逻辑起点。

（一）中国特色社会主义进入新时代

新时代是一个基本尺度，表明改革开放 40 年以来我国进入了一个更高层级的发展轨道。改革开放初期，我国总体处于“未发展起来”时期，因此党的全部工作要以解决效率问题为第一基准，要把解放与发展社会生产力作为根本任务，以期在夯实社会经济物质基础之上解决人的基本生存需要问题。而在新的伟大时代中，我国已然从“未发展起来”时期进入了“发展起来以后”时期，发展环境、发展条件发生巨大变革，目标任务也随之发生变化。正如习近平总书记在十九大报告中所说，5 年来的成就是全方位的、开创性的，5 年来的变革是深层次的、根本性的。具体而言，在生产力上，由“要素驱动、投资规模驱动”走向更加注重“创新驱动”的变革；在生产关系上，由“让一部分人先富起来”走向更加注重“共同富裕”“让改革发展成果更多更公平惠及全体人民”的变革；在社会发展水平上，由注重重点突破的非均衡发展走向更加注重全面协调发展的

变革；在对外开放和国际战略上，由“回应挑战”走向更加积极作为、合作共赢，构建人类命运共同体的变革。可见，我国经济已由高速增长阶段转向高质量发展阶段，更为凸显公平、正义。

（二）新时代中国特色社会主义的新矛盾

我国社会主要矛盾的变化是中国特色社会主义进入新时代的基本依据。毛泽东在《矛盾论》中指出，在复杂的事物的发展过程中，有许多的矛盾存在，其中必有一种是主要的矛盾，它的存在和发展规定或影响着其他矛盾的存在和发展。中国共产党对中国社会主要矛盾的认识，经历了一个曲折而又漫长的发展过程。新中国成立前我国社会的主要矛盾是：人民大众与帝国主义、封建主义和官僚资本主义的矛盾。新中国成立后我国社会主要矛盾的演变主要经历了五个发展阶段：

一是新中国成立到土地改革完成前，我国社会主要矛盾是人民大众同帝国主义、封建主义和国民党残余势力之间的矛盾。

二是从 1953 年到 1956 年年底，随着土地改革完成，无产阶级和资产阶级的矛盾逐步成为国内的主要矛盾。这一主要矛盾的解决方式就是进行社会主义改造。

三是社会主义改造基本完成后，党的八大指出：我们国内的主要矛盾，已经是人民对于建立先进的工业国的要求同落后的农业国的现实之间的矛盾，已经是人民对于经济文化迅速发展的需要同当前经济文化不能满足人民需要的状况之间的矛盾。

四是 1981 年，党的十一届六中全会通过的《关于建国以来党的若干历史问题的决议》对我国社会主要矛盾作了规范表述："在社会主义改造基本完成以后，我国所要解决的主要矛盾，是人民日益增长的物质文化需要同落后的社会生产之间的矛盾。"党的十二大、十三大确认了这一提法，并把它载入党章总纲，确定为我国社会主义初级阶段的主要矛盾。

五是 2017 年 10 月，党的十九大明确提出："我国社会主要矛盾已经转化为人民日益增长的美好生活需要和不平衡不充分的发展之间的矛盾。"

由上可以看出，党的八大基于"人民的需要"和"工业化要求"来揭示社会主要矛盾；党的十一届六中全会则把"人民的需要"与"落后生产"联系起来，在正视一穷二白的国情的同时，又极大凸显了人的能动性。在新时代背景下我们党对社会主要矛盾的认识既与时俱进，又日臻成熟。

视频 4：社会主要矛盾的变化说明了什么？

2017 年 10 月，党的十九大明确提出："我国社会主要矛盾已经转化为人民日益增长的美好生活需要和不平衡不充分的发展之间的矛盾。"这一判断深刻揭示了当前我国发展状况和人民生活状况的时代特色，也对党和国家各方面工作都提出了新的实践要求。其中，人民的"美好生活需要"是在"温饱需要"得以基本满足基础之上的正向延伸，更为注重质的飞跃、面的拓展。而当今社会发展中不平衡不充分的状况，已然成为满足人民日益增长的美好生活需要的主要制约因素。

因此，新时代国家治理现代化的首要任务就需破除这一难题、实现更为全面而均衡的发展。需要特别强调的是，新时代新矛盾的提出，并未从根本上改变我国仍然处于社会主义初级阶段的最大实际。对此，我们需要永葆足够的战略清醒与发展定力。

视频 5：新时代的新矛盾

知识拓展：《中国共产党章程》的修改

中国共产党一大制定了党纲，二大对一大党纲作了修改，制定了第一部党章。党的三大至十九大，除了五大党章修改是在五大之后的政治局会议上完成的以外，每次党的代表大会都要完成党章修改工作。党的十九大根据新形势新任务对党章进行适当修改，要把党的十九大报告确立的重大理论观点和重大战略思想写入党章。2017 年 10 月 24 日，大会通过了关于《中国共产党章程（修正案）》的决议，将习近平新时代中国特色社会主义思想写入党章。

（三）新时代中国特色社会主义的新思想

党的十九大报告的最大亮点是鲜明提出新时代中国特色社会主义思想。这一重要思想是对马克思列宁主义、毛泽东思想、邓小平理论、“三个代表”重要思想、科学发展观的继承和发展，是马克思主义中国化最新成果，是党和人民实践经验和集体智慧的结晶，是中国特色社会主义理论体

视频 6：新思想的实践基础

系的重要组成部分，是全党全国人民为实现中华民族伟大复兴而奋斗的行动指南。

知识拓展：习近平新时代中国特色社会主义思想的诞生

社会主要矛盾的变化，构成了我们进入新时代的基本依据和基本动力，也是习近平新时代中国特色社会主义思想建构的逻辑起点。

我国发展所处的历史方位已经发生了重大变化，需要新的重大理论创新和思想指导。十九大报告基于过去5年来社会主义中国取得了全方位的、开创性的成就，发生了深层次的、根本性的变革，从10个方面给予了高度概括。这些全方位、开创性成就，夯实了新时代中国特色社会主义的雄厚基础；这些深层次、根本性变革，塑造了新时代中国特色社会主义的崭新面貌，进而推动着中国特色社会主义进入了新时代。新的历史方位、新的使命担当、新的时代要求，必然地要求新理论、新思想的产生。

十九大报告对此作出了回答：中国特色社会主义进入新时代，我国社会主要矛盾已经转化为人民日益增长的美好生活需要和不平衡不充分的发展之间的矛盾。具体讲，“我国社会生产力水平总体上显著提高，社会生产能力在很多方面进入世界前列，更加突出的问题是发展不平衡不充分，这已经成为满足人民日益增长的美好生活需要的主要制约因素”。

与此同时强调，我国社会主要矛盾的变化，没有改变我们对我国社会主义所处历史阶段的判断，我国仍处于并将长期处于社会主义初级阶段的基本国情没有变，我国是

世界最大发展中国家的国际地位没有变。

面对历史新变革和历史新方位，以习近平同志为核心的党中央着眼于民族复兴的历史新使命，从理论和实践结合上，系统回答了新时代坚持和发展什么样的中国特色社会主义、怎样坚持和发展中国特色社会主义这个重大时代课题，形成了习近平新时代中国特色社会主义思想。

思想是行动的先导，理论来自于实践又指导实践。深刻领会新时代中国特色社会主义思想的精神实质和丰富内涵，关键要在各项工作中全面准确贯彻落实。十九大报告提出了14条基本方略：坚持党对一切工作的领导、坚持以人民为中心、坚持全面深化改革、坚持新发展理念、坚持人民当家作主、坚持全面依法治国、坚持社会主义核心价值体系、坚持在发展中保障和改善民生、坚持人与自然和谐共生、坚持总体国家安全观、坚持党对人民军队的绝对领导、坚持“一国两制”和推进祖国统一、坚持推动构建人类命运共同体、坚持全面从严治党。这14条基本方略，既是过去5年我们取得历史性成就的成功之道，也是我们面向未来走向新的胜利的重要法宝。十八大以来的5年，我们之所以能够取得历史性成就，就在于我们坚持贯彻这些基本方略；之所以能够解决许多长期想解决而没有解决的难题，办成许多过去想办而没有办成的大事，就在于我们掌握并运用了这些法宝。在新的历史征程中，我们党仍然会面临一些重大风险考验和发展难题，经受考验、谋求发展，关键在于我们能够在思想上领会好、在行动中运用好这些重要法宝。

在新时代坚持和发展中国特色社会主义的进程中，基本方略具有重要的方法论意义。深刻领会新时代中国特色社会主义思想的精神实质和丰富内涵，必须在各项工作中全面准确贯彻落实这14条基本方略；同时，全面贯彻这14条基本方略，必将更好引领党和人民事业的发展。

（四）新时代中国特色社会主义的历史使命

视频7："四个伟大"的提出

在十九大报告中，习近平总书记用"四个伟大"阐述新时代中国共产党的历史使命，即具有许多新的历史特点的伟大斗争、中国特色社会主义伟大事业、党的建设新的伟大工程、实现中华民族伟大复兴的中国梦。这是习近平总书记立足中国特色社会主义进入新时代这一我国发展新的历史方位作出的重大概括，揭示了新的时代条件下我们党的政治理想和政治目标。

伟大梦想是我们的目标。伟大事业召唤伟大梦想，伟大梦想开启光明前景。中华民族伟大复兴的中国梦，着眼于"干成什么"，是国家情怀、民族情怀、人民情怀相统一的梦。这个梦把国家的追求、民族的向往、人民的期盼融为一体，体现了中国人民和中华民族的整体利益，表达了每个中华儿女的共同愿景。十九大报告把中国梦的蓝图描绘得更加清晰。为了实现中华民族伟大复兴这个伟大梦想，我们这一代共产党人一定要承前启后、继往开来，坚定不移地进行伟大斗争，建设伟大工程，推进伟大事业。

伟大事业是我们达到目标的途径。在中国特色社会主义新时代，我国出现了如主要矛盾的变化这样的关系全局

的历史性变化，形成了新时代中国特色社会主义思想这一马克思主义中国化最新成果和新的指导思想，但我国仍处于并将长期处于社会主义初级阶段的基本国情没有变，我们既不走封闭僵化的老路，也不走改旗易帜的邪路，始终坚持和发展中国特色社会主义。

伟大斗争是我们在通向目标途中，有效应对重大挑战、抵御重大风险、克服重大阻力、解决重大矛盾，所必须进行的艰苦努力和葆有的精神状态。伟大斗争着眼于“敢不敢干”。中国共产党在斗争中历练、在斗争中成长。在当前，我们面临的斗争形势依然严峻，但我们不会惧怕任何斗争。同时，我们也要充分认识这场伟大斗争的长期性、复杂性、艰巨性，发扬斗争精神，吸取革命建设时期斗争的经验教训，提高斗争本领，去赢得不断的胜利。

伟大工程是我们胜利达到目标的根本保证。在“四个伟大”中，起决定性作用的是党的建设新的伟大工程，要结合伟大斗争、伟大事业、伟大梦想的实践推进伟大工程，确保党在世界形势深刻变化的历史进程中始终走在时代前列，在应对国内外各种风险和考验的历史进程中始终成为全国人民的主心骨，在坚持和发展中国特色社会主义的历史进程中始终成为坚强领导核心。

“四个伟大”与“不忘初心，牢记使命，高举中国特色社会主义伟大旗帜，决胜全面建成小康社会，夺取新时代中国特色社会主义伟大胜利，为实现中华民族伟大复兴的中国梦不懈奋斗”的大会主题高度统一、相互贯通，是以习近平同志为核心的党中央在我国进入决胜全面小康、开启社会主义现代化新征程、中国特色社会主义进入新时代的关键历史节点作出的重大顶层设计，是当代中国最大的大局，也是我们最大的政治。“四个伟大”，集中概括了新时代中国共产党的历史使命和担当，是历史逻辑、理论逻辑和实践逻辑的辩证统一，是以习近平同志为核心的党中央深刻把握我国发展阶段性特征作出的重大理论创新。

三、新时代中国特色社会主义总体布局

十九大报告擘画了从现在到本世纪中叶的全新发展蓝图：从现在到2020年，是全面建成小康社会决胜期；从2020年到2035年，是基本实现社会主义现代化时期；从2035年到本世纪中叶，是全面建成社会主义现代化强国时期。这是新时代中国特色社会主义发展的战略安排，标志着我国社会主义现代化建设开启了新征程。

（一）新时代的奋斗目标

新时代需要新目标、新蓝图、新安排。党的十九大报告将新的奋斗目标置于从现在到本世纪中叶的时间坐标体系中，分为三个目标、两个阶段和两步走，体现了接力奋斗、层层递进的任务要求。

视频8：党的奋斗目标的历史变化

三个目标分别是：到2020年全面建成小康社会，实现第一个百年奋斗目标；到2035年，基本实现社会主义现代化；到本世纪中叶，建成富强民主文明和谐美丽的社会主义现代化强国。三个目标，分为近期、中期和远期，承前启后、继往开来。

“两个阶段”和“两步走”是指从2020年到本世纪中

叶，分为两个阶段来安排。第一个阶段，从2020年到2035年，在全面建成小康社会的基础上，再奋斗15年，基本实现社会主义现代化。第二个阶段，从2035年到本世纪中叶，在基本实现现代化的基础上，再奋斗15年，把我国建成富强民主文明和谐美丽的社会主义现代化强国。

从时间纵轴上观察，全面建成小康社会这个时跨本世纪头20年的奋斗历程，已经到了需要一鼓作气向终点线冲刺的历史时刻，它的顺利实现将为开启第二个百年奋斗目标夯实基础。我们的目标更为远大，要从一个富强民主文明和谐的社会主义现代化国家，向综合国力更强和国际影响力更大的世界领先国家迈进。

十九大报告勾画了总蓝图、制定了时间表，发出了全党、全国各族人民决胜全面建成小康社会的号召；为实现中华民族伟大复兴的梦想，又开启了新时代中国特色社会主义现代化建设的新征程。我们要以新思想——新时代中国特色社会主义思想为引领，不断深化理论认识，不断推进实践创新；我们要以新使命——“四个伟大”为着力点，不断进行伟大斗争、建设伟大工程、推进伟大事业、实现伟大梦想；我们要以新矛盾——人民日益增长的美好生活需要和不平衡不充分的发展之间的矛盾为突破口，抓重点、补短板、强弱项；我们要以新要求——新时代党的建设总要求为保障，增强四个意识，推动全面从严治党向纵深发展，不断提高党的执政能力和领导水平。

（二）新时代的总体布局

站在新的历史方位，党的十九大对我国社会主义现代化建设作出新的战略部署，并明确以“五位一体”的总体布局推进中国特色社会主义事业，从经济、政治、文化、社会、生态文明五个方面，制定了新时代统筹推进“五位一体”总体布局的战略目标，是新时代推进中国特色社会主义事业的路线图，是更好地推动人的全面发展、社会全面进步的任务书。

知识拓展：“五位一体”总体布局提出的原因

中国特色社会主义进入了新时代，我国发展呈现阶段性特征，社会主要矛盾发生关系全局的历史性变化。要满足人民日益增长的美好生活需要，就必须在继续推动发展的基础上，着力解决好发展不平衡不充分问题。按照党的十九大部署，只有贯彻新发展理念，建设现代化经济体系，才能实现更高质量、更有效率、更加公平、更可持续的发展；只有健全人民当家作主制度体系，发展社会主义民主政治，才能体现人民意志、保障人民权益、激发人民创造活力；只有坚定文化自信，推动社会主义文化繁荣兴盛，才能激发全民族文化创新创造活力；只有提高保障和改善民生水平，加强和创新社会治理，才能使人民获得感、幸福感、安全感更加充实、更有保障、更可持续；只有加快生态文明体制改革，建设美丽中国，才能形成人与自然和谐发展的现代化建设新格局。

“五位一体”总体布局虽涉及不同领域，有各自特殊的内容和规律，但它们之间是有机统一、不可分割、相辅相成、相互促进的辩证统一关系。经济建设是建设中国特色社会主义政治、文化、社会和生态文明的前提和基础，其

核心是激发群众的创造性、发展生产力，为现代化建设奠定坚实的物质生活基础；政治建设就是继续推进并深化政治体制改革，发展社会主义民主政治，建设法治国家，给每个人的发展创造平等的地位、均等的机会；文化建设就是用先进的价值观武装国民，提供强有力的精神动力和智力支持，营造丰富多彩的新生活；社会建设就是不断创新社会管理新模式，解决好人民群众最关心、最直接、最现实的利益问题，在学有所教、劳有所得、病有所医、老有所养、住有所居上持续取得新进展；生态文明建设就是要加快建设资源节约型、环境友好型社会，形成人与自然和谐发展的现代化建设新格局，加快绿色发展，推进美丽中国建设，为全球生态安全和人类可持续发展作出新贡献。

“五位一体”的总体布局是一个有机整体，其中经济建设是根本，政治建设是保证，文化建设是灵魂，社会建设是条件，生态文明建设是基础。按照“五位一体”总体布局，围绕引领经济新常态、贯彻新发展理念，适度扩大总需求，推进供给侧结构性改革，促进经济社会全面协调可持续发展，对实现“两个一百年”奋斗目标和中华民族伟大复兴的中国梦具有重要意义。开拓发展新思路、新境界，必须统筹推进“五位一体”总体布局，推进全面建成小康社会进程，不断把实现“两个一百年”奋斗目标向前推进。

（三）新时代的党的建设

十九大报告指出，新时代要坚持和加强党的全面领导，坚持党要管党、全面从严治党，以加强党的长期执政能力建设、先进性和纯洁性建设为主线，以党的政治建设为统

视频 9：新时代党的建设的着力点

领，以坚定理想信念宗旨为根基，以调动全党积极性、主动性、创造性为着力点，全面推进党的建设，把党建设成为始终走在时代前列、人民衷心拥护、勇于自我革命、经得起各种风浪考验、朝气蓬勃的马克思主义执政党。

纵观报告，关于党的建设，有几处突出性的强调：一是强调党的领导，二是强调政治建设，三是强调增强本领。

习近平总书记在党的十九大中专门就青年一代承担使命、接力奋斗作了强调，指出“中国梦是历史的、现实的，也是未来的；是我们这一代的，更是青年一代的。中华民族伟大复兴的中国梦终将在一代代青年的接力奋斗中变为现实”，强调“广大青年要坚定理想信念，志存高远，脚踏实地，勇做时代的弄潮儿，在实现中国梦的生动实践中放飞青春梦想，在为人民利益的不懈奋斗中书写人生华章”。报告对青年的殷殷期待和谆谆嘱托，为广大青年奋勇投身新时代、接力建功中国梦指明了前进方向、注入了强大动力。

新时代的宏伟蓝图鼓舞人心、催人奋进。当代大学生将完整经历实现新时代目标的伟大进程，际遇何其宝贵，使命何其光荣，责任何其重大。正如习近平总书记所指出的：“历史车轮滚滚向前，时代潮流浩浩荡荡。历史只会眷顾坚定者、奋进者、搏击者，而不会等待犹豫者、懈怠者、畏难者。”置身新时代的大学生，要不忘初心、牢记使命，顽强拼搏、奋勇担当，书写无愧于历史和时代的青春篇章。新时代的大学生要勇做坚定者，坚持用习近平新时代中国

特色社会主义思想武装头脑、指导行动；要勇做奋进者，在新时代的广阔舞台上施展抱负、竞展风采；要勇做搏击者，在具有许多新的历史特点的伟大斗争中担当在先、奉献在前。

新时代的大幕已经拉开，新征程的号角已经吹响。大学生要振奋起来、行动起来，坚定理想信念，坚毅砥砺前行，在以习近平同志为核心的党中央坚强领导下，在党的十九大精神指引下，为决胜全面建成小康社会、夺取新时代中国特色社会主义伟大胜利、实现中华民族伟大复兴的中国梦、实现人民对美好生活的向往而不懈奋斗！

思考题：

1. 如何把握我国发展的新的历史方位？
2. 如何适应新时代发展的机遇和挑战？

专题二　传承中华优秀传统文化践行社会主义核心价值观

文化是民族的血脉，是人民的精神家园。中华文化源远流长、灿烂辉煌。在5000多年文明发展中孕育的中华优秀传统文化，积淀着中华民族最深沉的精神追求，代表着中华民族独特的精神标识，是中华民族生生不息、发展壮大的丰厚滋养，是中国特色社会主义植根的文化沃土，是涵养社会主义核心价值观的根基和源泉。习近平总书记多次强调，培育和践行社会主义核心价值观，必须立足中华优秀传统文化。牢固的核心价值观，都有其固有的根本。抛弃传统、丢掉根本，就等于割断了自己的精神命脉。博大精深的中华优秀传统文化是我们践行核心价值观、在世界文化激荡中站稳脚跟的根基。

2017年年初，中共中央办公厅、国务院办公厅印发了《关于实施中华优秀传统文化传承发展工程的意见》，该意见专门就传承发展中华优秀传统文化的意义、目标、内容、任务和具体的保障措施等问题提出了明确要求。深入学习习近平总书记讲话精神，领会中央文件的要义，对于我们正确认识中华优秀传统文化与社会主义核心价值观的关系，

增进文化自信，促进中华民族伟大复兴的中国梦的实现具有重要意义。下面我们主要从两个方面：中华优秀传统文化是涵养社会主义核心价值观的根基和源泉，社会主义核心价值观是中华优秀传统文化的传承与发展，来探讨二者之间的关系。

知识拓展：习近平关于弘扬中华优秀传统文化与培育社会主义核心价值观的论述

党的十八大以来，习近平总书记围绕弘扬中华优秀传统文化与培育社会主义核心价值观，发表了一系列重要讲话。

2014 年 2 月 24 日，在中央政治局第十三次集体学习时的讲话中，习近平总书记指出：“培育和弘扬社会主义核心价值观必须立足中华优秀传统文化。牢固的核心价值观，都有其固有的根本。抛弃传统、丢掉根本，就等于割断了自己的精神命脉。博大精深的中华优秀传统文化是我们在世界文化激荡中站稳脚跟的根基。”

2014 年 5 月 4 日，在北京大学师生座谈会上的讲话中，他强调：“中华优秀传统文化已经成为中华民族的基因，植根在中国人内心，潜移默化影响着中国人的思想方式和行为方式。今天，我们提倡和弘扬社会主义核心价值观，必须从中汲取丰富营养，否则就不会有生命力和影响力。”

2014 年 9 月 24 日，在纪念孔子诞辰 2565 周年国际学术研讨会上的讲话中，他再次强调：“中国人民的理想和奋斗，中国人民的价值观和精神世界，是始终深深植根于中国优秀传统文化沃土之中的，同时又是随着历史和时代前进而不断与日俱新、与时俱进的。”

习总书记的这些讲话和论述，深刻阐述了传承中华优秀传统文化与社会主义核心价值观的内在联系，强调了培育和弘扬社会主义核心价值观必须立足中华优秀传统文化。

一、中华优秀传统文化的内涵

中华优秀传统文化已经成为中华民族的基因，植根在中国人内心，潜移默化影响着中国人的思想方式和行为方式。传承中华优秀传统文化，就要深入挖掘和阐发中华优秀传统文化“讲仁爱、重民本、守诚信、崇正义、尚和合、求大同”等核心思想理念，使中华优秀传统文化成为涵养社会主义核心价值观的重要源泉。

（一）讲仁爱

讲仁爱，是中华优秀传统文化中对人、对物的一个总原则。据记载，孟子说：“仁者爱人”，“仁，人之安宅也”，“仁也者，人也”，意思是说，仁，是人们在这个世界上安身立命之所在；仁，就是人的存在，不爱人，没有爱心，就不配称之为人。后来，董仲舒也认为，“仁者，爱人之名也”。由于人们把爱人看作仁的基本精神，所以后世通常把“仁”称作“仁爱”。在中华优秀传统文化中，爱人，又有着非常丰富的思想内涵。在儒家看来，爱人不仅是做人的基本原则，而且是为人的价值目标；爱人原则贯彻到治政上，就是要以人为本，实行仁政；爱人其实就是爱己。孟子说：“爱人者，人恒爱之；敬人者，人恒敬之。”（《孟子·离娄下》）意思是说，关爱别人的人，时常得到关爱的回报；尊敬别人的人，时常得到尊敬的回报。你爱得越深、

越广，你得到的爱就越多，你获得的支持也就越大；你获得的支持越大，你的力量就越强。

那么，我们怎样在生活中贯彻爱人原则呢？程颐说："恕则仁之施。"贯彻仁爱，首先就要做到恕。子贡也向孔子请教，有没有一个字能让人们奉行终身？孔子回答说："其恕乎。"（《论语·卫灵公》）那么，什么是恕呢？孔子进一步解释："己所不欲，勿施于人。"意思是自己不想接受的，不要施加在别人身上。与这句话相似的还有"己欲立而立人，己欲达而达人"（《论语·雍也》），自己想要有所作为，也要帮助别人有所作为；自己想要通达顺畅，也要帮助别人通达顺畅。其中，"己所不欲，勿施于人"，强调的是"不"，不要把自己不想要的强加到别人头上；"己欲立而立人，己欲达而达人"，强调的是"是"，自己想要的也应该帮助别人去实现。这两句话一正一反，虽然侧重面不同，但意思是一样的，都强调了一点，即想问题、办事情要从自己出发，来推论别人。用今天的话说，就是推己及人、将心比心、换位思考的意思。后来，这两句话被世界伦理大会奉为道德金律，倡导全世界人民遵守和奉行。以上是仁爱第一层面的内涵——爱人。

第二，惜物，是仁爱的另一个基本内容。反映在道德上就是"俭"。老子认为，俭是朴素的表现。朴，是没有加工成器具的木材；素，是没有染上颜色的生帛，都属于原生态，代表自然。在老子看来，朴素是"道"的品性，所以节俭具有本原、真实、规则的意义。老子说"俭故能广"，就是说，节俭能够做大做强，事业有成。反之，如果铺张浪费，讲究奢华排场，则"必死矣"，一定会走向灭亡。惜物同爱人一样，被视为做人的基本准则，具有价值目标和价值评判标准的意义。无论你身居何位，家里多有钱，都必须爱物节用，这和你有没有消费能力无关，和消费对象的权属也无关，甚至和资源的多寡都无关，惜物是对每个社会成员的基本要求，是我们每个人都应该追求的价值目标。所以，儒家经典《左传》说："俭，德之共也；侈，恶之大也。"节俭是善行中的大德，奢侈是邪恶中的大恶。这就是仁爱第二层面的内容，不仅要求爱人，还要求惜物，爱物节用。

（二）重民本

重民本，是中国古代政治思想的基本价值理念。俗话说：百姓是天。在中华传统文化中，民众的地位极高。历史上有名的《泰誓》中有两句话后世非常推崇：一句是"民之所欲，天必从之"，说的是上天的态度，以民众的要求为转移，民众的愿望就是上天的意志；另一句是"天视自我民视，天听自我民听"，说的是天意的来源，所谓苍天有眼，这个眼其实就是民众的眼。这两句话很有名，后世的史书典籍中一再出现，后人也一再发挥。这里的天并不是我们看到的无边无际的天空，而是指老百姓。对统治者而言，百姓亲近他，社会就安定；百姓辅佐他，国家就强盛；百姓非难他，统治就危险；百姓背离他，政权就灭亡；遭到民众怨恨的统治者，最终不败亡的还从来没有过。所以，孟子强调："民为贵，社稷次之，君为轻。"（《孟子·尽心下》）唐太宗李世民也留下"君，舟也；民，水也；水能载舟，亦能覆舟"这样的警示。

在这里，我们不难发现，古人观念中民与天的关系，

与国家社稷、君主相比，人民的地位是至高无上的，应该受到优待和重视。民众作为天下的主人，民意就是天意，民唯邦本，得民心者得天下，所以统治者必须以民众、民意为转移，符合民众意愿的就去做，不符合人民意愿的就不能做，人民拥护的就坚持，人民反对的就改正。将人民作为终极目标，肯定民众的主体地位，以民心所向作为衡量事业成败的标准，无论是对古代，还是于当下，都具有积极意义。而且，这样一种人同此心、心同此理、天民同心的思维方式，为天理、天道提供了现实基础，那就是民心。天地之心由人来安放，天理就是人间至理。这实际上把天民意化了，这是中国人的特点，也是中华文明所独具的特质。所以，尽管同样遭受天灾人祸、外族入侵，其他文明古国及文化都消亡了，唯独中华文明与中华文化顽强地生存并发展下来，作为世界上唯一不曾中断的、生生不息的整体性和连续性文明，与我国历史上人们把民众作为国之本，作为承载文化及其价值观的主体有很大关系，朝代可以变，统治者可以变，但只要民众民心不变，天就不会变。这无疑实现了本体层面与价值层面的天人合一。从这一点看，中华文化中“重民本”的思想理念及其思维方式，对中华文化一脉相承的延续和发展也具有重要意义。

今天，我们看到新一代中央领导集体非常重视“民本”“民生”问题，经常强调“心为民所系，情为民所移”，这样一种政治价值观与古代的“民本”思想有着直接联系。当然，我们也必须看到，中华传统文化中的“重民本”思想是站在统治者角度上，限制和约束其行为的一种治国理政的策略。它既不同于现代意义上的中国的民主，也有别于西式的民主，对此，我们要批判地继承和发扬。

（三）守诚信

在古代，诚信是作为诚和信两个价值规范来讲的，诚，强调心的真实，信，要求要言行一致，二者都是对个人的要求，反映的是个人与自己的关系。

关于诚，《朱子性理语类》中这样解释："一心之谓诚。"一心，也就是我们常说的一心一意，或真心实意，因为只有一个心，没有第二个心，这个心便是真的；只有一个意，没有第二个意，这个意便是实的。所以，我们习惯上总是把诚叫作真诚、实诚。这样，真和实就构成了诚的基本含义，即诚就是真实。真实是人类的一大追求，也是人们进行价值评价的一大标准。我们平常说的真善美，真就列在第一位，是善和美的前提，离开了真，善就是伪善，美就是假美。如果再进一步追问，何谓真呢？真，首先是不做假，不搞虚，也就是保持事物的本色。孟子将其称为"赤子之心"。赤子，刚出生的孩子，没有受到任何污染，一片真心实意，不假不虚。

信，强调的是说与做的同一，就是俗话讲的说到做到。在古人观念中，信是天经地义。《吕氏春秋》有一编专门讲"贵信"，其中有这样一段话："天行不信，不能成岁；地行不信，草木不大……天地之大，四时之化，而犹不能以不信成物，又况乎人事？"意思是："上天要是不守信，就不能形成岁时；大地要是不守信，万物就不能生长……以天地如此之大，四季如此之变化，都不能不以信用对待万物，更何况人呢？"这实际上把信提升到无上的地位，赋予它最高权威，要求所有社会成员必须恪守信用，从而进一步

巩固社会秩序。做人必须恪守诺言，说出的话一定要兑现。当然，凡事不可太过绝对，古人对待信用问题也强调两点：一点是，由于种种不可预见的因素，诺言很难百分之百地兑现，这时应该跟对方解释清楚，说明其中的原因，取得谅解；另一点是，违背道义的约定可以不遵守。

（四）崇正义

正义是现代伦理学和政治学中的基本范畴。在中华传统文化中，正义就是公正的意思。公正作为价值观有着很大的普遍性，为儒家、道家、法家所共同尊奉。公正和诚信一样，可分为公与正两个部分，其中，公是正的前提，正是公的目的。

关于公，在儒家那里，仁就是公的精神，公则是仁的落实。“仁者，天下之公。”（《近思录·道体》）意思是说，心中装着天下就是仁。《朱子性理语类》说：“公而无私便是仁。”还说：“公则能仁，仁则能爱。”即“仁是爱的道理，公是仁的道理。”

在道家那里，公不是仁爱之情，而是无情。所谓“天道无亲”（《老子·第七十九章》），亲，亲近，是说，天道没有亲情。强调的是天道对待万物没有亲近和疏远之分，距离一律相等。还说：“天地不仁，以万物为刍狗。圣人不仁，以百姓为刍狗。”（《老子·第五章》）刍狗，草扎成的狗，用于祭祀。天地不亲近谁，把万物一概当成草扎成的狗；圣人也不亲近谁，把百姓统统当成草扎的狗。正因为无亲、不仁，才能够达到公，无情是公的境界。

法家对公的理解比较具体实用，是从反面进行的。韩非子这样解释公：“古者仓颉之作书也，自环者谓之私，背私谓之公。”（《韩非子·五蠹》）意思是说，古时候仓颉造字，把为自己盘算称作私，将与私相反的称作公。从这我们可以看出，在法家那里，公就是去私。虽然儒、道、法三家对公各有各的解释，儒家侧重仁爱，道家侧重自然平等，法家侧重去私，但都主张超出个体。不超出个体就做不到爱人，也做不到包容和去私。这里的个体不单指个人自己，也包括相对于社会而言的小群体、小组织、小集团等。从这个意义上说，超出个体非常重要。如果每个人、每个集团都不能超越自我，都把自我利益放在首位，不用说，社会将在内耗中崩溃，个体也不会得到发展。这就是古人强调公的价值所在。

关于正，在古代，正的基本含义是正中、公平，不偏不倚。孔子说：“政者，正也。”（《论语·颜渊》）意思是说，治政一定要公平、公正。这实际上是为社会治理确立价值规范和制定标准，符合公正的就是好政治，是成功的治理，反之则是坏政治，是失败的治理。老子也说过类似的话：“天地相合，以降甘露，民莫之令而自均。”（《老子·第三十二章》）意思是说，天地相交降下雨露，没有谁去进行分配，万物都能平均地享用它。列子也说：“均，天下之至理也。”（《列子·汤问》）这说明平等、公正是根本道理，是天经地义。这实际上是用天道来界说、匡正人道，既然公正是天道的原则，那么社会生活也应该贯彻平等。倡导公，是为了正，即社会公正。儒家主张的普遍关爱，道家主张的自然平等，法家主张的去私，指向的目标都是公正。公带来正。《吕氏春秋》说：“公则天下平矣。平得于公。”平，即公平，实行公则天下正，正得自于公。

孔子对这一点看得非常清楚，他说：“丘也闻有国有家者，不患寡而患不均，不患贫而患不安。盖均无贫，和无寡，安无倾。”（《论语·季氏》）意思是说，我听说领导者不担忧财富少，而担忧财富分配不公平；不担忧民众少，而担忧社会不安定。因为财富分配公平，就分不出谁穷谁富，也就无所谓贫穷；人与人之间和睦相处，也就无所谓人少；社会安定了，当然也就不会有倾覆的危险。由此看来，在富裕与公正之间，在财富与安定之间，在对立与和谐之间，孔子选择后者。在他看来，公正比富裕更有价值，安定比财富更有价值，和谐比差距更有价值。

今天，这一观念仍然重要，仍然有力量。公正是天道，是民心，是人们创造富裕生活的前提，也是社会可持续发展的保证。这与社会主义核心价值观所倡导的公正理念是一脉相承的，都旨在构建一个公正有序的社会。近年来，以习近平同志为核心的中央领导集体把公正作为施政的一个要点，努力克服权利不公、机会不公、规则不公，从制度上为所有人、所有企业创造平等的机会，使大家共同享有人生出彩的机会，共同享有梦想成真的机会，共同享有同祖国和时代一起成长与进步的机会。这个公正很具体、很实在，是对中国传统正义观的继承和发展。

（五）尚和合

和合也是中华文化中对人对物的一个总原则，是反映人与世界本质关系的价值规则。和即和谐，是事物所达到的一种理想状态。合，强调合作、协作，是实现和谐这一理想状态的条件。

“和合”一词最早出现在先秦的著作《国语·郑语》：

“商契能和合五教，以保于百姓者也。”五教即父义、母慈、兄友、弟恭、子孝，也就是说，只有形成这种道德伦常，百姓才可以安身立命，得到保养。这里的“和合”是指家庭伦理的和谐，实际上，古人贵和，和谐的思想内涵要比这丰富得多。《论语》中有句名言：“礼之用，和为贵，先王之道斯为美，小大由之。”意思是，礼的运用，以形成和谐最为可贵，从前君主的治政之道，以这一条最英明，无论大事还是小事，都贯彻这一理念。古人之所以看重和，有其深厚的哲学背景。在古人观念中，万物的产生是和的结果。大致过程是这样的，先有元气，然后分化出阴阳二气，它们相冲撞而形成和气，和气也叫精气，精气演化出包括人类在内的万物，这才有了我们面前的这个世界。所以，和具有“生”的意义，主导着事物的产生、存在和发展。

和谐作为一种理想的状态或关系，包括三个层面的内容，即社会层面的和谐、道理层面的和谐、自然层面的和谐。

社会层面的和谐又具体包括人与人的和谐、人与群体的和谐、人与自己的和谐。

道理层面的和谐指的是个人与包括价值观在内的规则、规范、理念体系的和谐。据刘向编著的《说苑•辨物》记载，有一天，孔子的弟子颜回问孔子：成人的行为是怎样的？孔子说：成人的行为，出自人的本性真情，与万事万物的运行变化相一致，上合乎天道，下符合人道，通达天地人间的根本道理，达到行为与天道的合一，这样的人就可以称为成人了。其中说的就是人与道理的和谐。人与道理的和谐其实就是我们平日说的讲理。遇事需要作出决定，

除了权衡利弊之外，还要考虑怎样做才合理，如果有不同意见，就要分辨一下谁的想法更有道理。

自然层面的和谐发生在人与自然之间。不仅指人要尊重自然，自然为人提供生存环境和资源，还表现为人应该把自己的生活及社会活动放进自然框架内。人们把这种相互进入对方的状态称作天人合一。天人合一打破了人与自然的界限，是人与自然的最高和谐，也是中国人在人与自然关系上的最深认识。

以上我们介绍了和谐的三个方面，古人贵和，但同时也特别强调这种和是存在着差异的和，甚至认为差别是和谐的前提和条件。孔子说："君子和而不同，小人同而不和。"（《论语·子路》）君子协调差异而不强求一致，小人强求一致而不讲求和谐。二者有原则区别，不容混淆。那么，怎样平衡差异，实现和谐呢？答案是中庸。关于中庸，朱熹的回答是："中者，不偏不倚、无过不及之名。"（《四书章句集注·中庸章句》）中，是不偏不倚、既不过头又不欠缺。关于庸，朱熹说："庸，平常也。"平常意即恒常，泛指规律、准则，也就是"道"的意思。合起来，中庸就是站在中间的准则，简称中道，习惯上叫中庸之道。孔子主张无过无不及。无过是不过度，无不及是无不足，既没有走过头，又没有达不到，正好站在中间，所以无过无不及表示的是中，也就是适度，恰如其分。不偏不倚比较简单，偏和倚都是歪斜之意，不偏不倚表示的是正。二者合起来，就是中正。由此可以说，中庸就是中正的原则。之所以说中庸是通往和谐的道路，主要有以下四个方面的原因：第一，不偏执于任何一方；第二，双方都能照顾到；第三，包容各方；第四，全面性。因为中庸坚持不偏不倚，站在中间，既不偏执于任何一方，又能兼顾两头，把双方都包容进来，由此达到和谐。孔子说："中庸之为德也，其至矣乎！"（《论语·雍也》）意思是，中庸作为一种德行，已经是最高境界了。

中庸不仅是一种思维方式和行为方式，同时也代表着一种生活态度和处世方法，不只为儒家所倡导，也为佛家和道家所赞许。佛家叫它"中道"，也就是不执着两边而选择中间。道家也不喜欢走极端，《庄子》中讲了一只名叫意怠的鸟儿，它既不冲在前头也不落在后面，而是挤在群鸟中间，活得虽然不是最好，但很安稳。这就是中庸最大的特点：去边取中，不走极端，表达了中国人的价值诉求。

通过中庸实现的和谐是双方共存、共赢和共荣的和谐，而不是一方非要压倒另一方，更不是一方非要吞并另一方。历史和现实证明，共生是一种最具智慧的生存状态，也是对双方最好、最有价值的生态。 这种生态包含着情，也就是仁爱，是有温度的。这也是中华文化和谐观的一大特点，从仁爱出发，推己及人，兼顾双方，求同存异，从而和睦相处，其乐融融。这一点与社会主义核心价值观中的"和谐"是相统一的。

（六）求大同

自古至今，"大同"一直是中国人关于理想社会的梦想，并不断地被注入新的内容和精神。《尚书·洪范》最早提到了"大同"一词，用来描述王、卿士、庶民和天地鬼神同心同德的状态。但真正用"大同"来指称某种社会理想的则是《礼记·礼运》，该篇云："大道之行也，天下为

公。选贤与能，讲信修睦。故人不独亲其亲，不独子其子。使老有所终，壮有所用，幼有所长，鳏、寡、孤、独、废、疾者皆有所养，男有分，女有归。货恶其弃于地也，不必藏于己；力恶其不出于身也，不必为己。是故谋闭而不兴，盗窃乱贼而不作，故外户而不闭，是谓大同。”

所谓“大同”，正如这个名字本身所包含的，克服了家天下制度下包含的亲疏远近等区分，打破人我的界限，以成至公之境。其特点是：第一，天下为公；第二，选贤与能；第三，各得其所；第四，世界太平。其中的核心是与私相对的公，选贤与能主要针对父子兄弟相继的家天下的权力转移模式，是天下为公的具体体现。

求大同，可以说是中国古人的中国梦，是中国梦的民族文化根基。习近平总书记在联合国教科文组织总部的演讲中指出：“实现中华民族伟大复兴的中国梦，就是要实现国家富强、民族振兴、人民幸福，既深深体现了今天中国人的理想，也深深反映了中国人自古以来不懈追求进步的光荣传统。”这里明确指出了中国梦不仅是现代中国人的理想，也是中国古人的不懈追求。

从这我们不难看出，“大同”思想是中国梦的文化根基和精神沃土。社会主义核心价值观的三个层面实际上回答了建设什么样的国家、建设什么样的社会、培育什么样的公民等重大问题。三个层面结合起来与实现中华民族伟大复兴的中国梦相统一，都致力于建设一个美好的国家，这既与传统文化中的“求大同”的思想相承相通，又有助于加深现代人对中国梦的认同和理解。

二、以中华优秀传统文化涵养社会主义核心价值观

2014 年 2 月 24 日，习近平总书记在中共中央政治局第十三次集体学习时的讲话中指出："要认真汲取中华优秀传统文化的思想精华和道德精髓，大力弘扬以爱国主义为核心的民族精神和以改革创新为核心的时代精神，深入挖掘和阐发中华优秀传统文化讲仁爱、重民本、守诚信、崇正义、尚和合、求大同的时代价值，使中华优秀传统文化成为涵养社会主义核心价值观的重要源泉。"

习近平总书记高度重视中华优秀传统文化，将其作为治国理政的重要思想文化资源，并有过一系列精彩论断。早在 2012 年 12 月广东考察时，习总书记就指出，我们绝不可抛弃中华民族的优秀文化传统，恰恰相反，我们要很好地传承和弘扬，因为这是我们民族的"根"和"魂"，丢了这个"根"和"魂"，就没有根基了。借用"根"与"魂"，强调传承和弘扬中华民族优秀文化传统对于国家发展和民族振兴的极端重要性。"源泉论"与"根魂论"可以说是一脉相承的思想。"根魂论"注重阐发优秀传统文化的历史地位，"源泉论"则重在揭示优秀传统文化的时代价值。优秀传统文化对于当下中国，最重要的价值就在于其中有很多思想精髓和道德精华有待深入挖掘和阐发，能够成为涵养社会主义核心价值观的重要源泉。

（一）延续精神命脉，激活文化基因

源泉，原本指大自然中流水的源头。古诗中写得好："问渠那得清如许，为有源头活水来。"泉水能够保持长流

不息、清澈怡人，是因为有源头的活水源源不断地涌出来。源泉常用来形象地比喻事物的根源，比如，“生活是艺术创作的唯一源泉”“想象力是创造力的源泉”“希望是生命的源泉，失去它生命就会枯萎”“劳动是世界上一切欢乐和一切美好事情的源泉”。

习近平总书记用“源泉”来形容中华优秀传统文化，将其作为培育和弘扬社会主义核心价值观的立足点，不仅形象贴切，而且鞭辟入里，是对优秀传统文化的一次再认识、再发掘、再提升。

中华文化源远流长，积淀着中华民族最深层的精神追求，代表着中华民族独特的精神标识，为中华民族生生不息、发展壮大提供了丰厚滋养。中华优秀传统文化延绵数千年，已经深深融入中国人的血脉里，构成中国人的文化基因。

什么是文化基因呢？在生物学中，基因决定和支持着生命的基本构造，使得生命体延续并遗传相似的特性。文化基因则决定着一个国家、一个民族的精神世界的构成和特性，代代相传，且不自觉。中华优秀传统文化影响并左右了每个中国人的世界观、人生观、价值观，潜移默化地影响着中国人的思维和行为方式，具有“日用而不觉”的特性，正所谓“随风潜入夜，润物细无声”。也就是说，那些蕴含在优秀传统文化中的道理不用强调，百姓就自然而然地认同、接受，按照这些道理行为处世。

优秀传统文化是我们中华民族的精神命脉，凝聚着祖先的智慧和经验，对于建设中国特色社会主义伟大实践依然具有借鉴意义和时代价值，我们非但不能割断自己的精神命脉，还要积极地继承和弘扬。而且，也因为优秀传统文化的基因特性，习总书记指出："今天，我们提倡和弘扬社会主义核心价值观，必须从中汲取丰富营养，否则就不会有生命力和影响力。"我们要激活文化基因，用其中的养分丰富社会主义核心价值观内涵，使其获得最广泛的认同，赢得最大公约数，增强中华民族的凝聚力和向心力，共同为民族伟大复兴而奋斗。

（二）深挖优秀传统，掌握思想精华

传统的中国文化是一个以伦理为核心的文化体系。中国人崇奉以儒家"仁爱"思想为核心的道德规范体系，讲求和谐有序，倡导仁义礼智信，追求修身齐家治国平天下全面的道德修养和人生境界。

习总书记着重指出，优秀传统文化中"以爱国主义为核心的民族精神和以改革创新为核心的时代精神"，以及"讲仁爱、重民本、守诚信、崇正义、尚和合、求大同的时代价值"，尤其值得我们不断深挖，准确把握，汲取营养，古为今用。前者从国家和民族层面，后者从社会和个人层面，高度概括总结了优秀传统文化中的核心和精华。

爱国主义是中华民族民族精神的核心。中国历史上，"先天下之忧而忧，后天下之乐而乐"的忧患意识，"天下兴亡，匹夫有责"的责任担当，"苟利国家生死以，岂因祸福避趋之"的报国情怀，"人生自古谁无死，留取丹心照汗青"的民族气节，每逢外敌入侵、天灾人祸、艰难险阻，都激励了无数中华优秀儿女挺身而出，为保家卫国而抛头颅、洒热血、献青春。爱国主义形成并维护了中国统一的政治局面，今后也必将是维系中华民族团结统一的精

神纽带。

改革创新是时代精神的核心。中华民族从不缺乏改革创新精神，古训有言："苟日新，日日新，又日新。"9个字道尽创新的强烈愿望。在科技革命深入发展的今天，创新已经成为引领发展的第一动力。从国家层面讲，如何激发潜在的创新动能，已是关乎改革发展成败的关键。因此在精神层面，我们比以往任何时候都需要改革创新的精神、勇气、智慧。

中华民族历来重视个人修养，以及人与人之间的和谐相处。讲仁爱、重民本、守诚信、崇正义、尚和合、求大同这些在古代"自我修身"的价值观念，已逐渐转变为中华民族"最深沉的精神追求"和共有的精神家园，是中国人做人处世最基本的道德信念，在今天公民社会的道德重建中也有着巨大生命力。就拿守诚信来讲，这是中国人公认的美德之一。社会生活中，那些讲诚信的人一诺千金、言行一致，总能赢得别人的信任和尊敬；而那些不讲诚信的人，言而无信、轻诺寡信，总会遭到人们的厌弃和鄙视。我国社会主义市场经济尚未完善，为了维持市场经济秩序，现阶段更需要诚信的建立、健全。

（三）创造性转化，创新性发展

如何更好地继承和弘扬中华优秀传统文化呢？习总书记在谈到这个问题时特别强调："对历史文化特别是先人传承下来的价值理念和道德规范，要坚持古为今用、推陈出新，有鉴别地加以对待，有扬弃地予以继承，努力用中华民族创造的一切精神财富来以文化人、以文育人。"

继承传统本身不是目的，关照现实才有意义。"我注六经”最终是为了“六经注我”，否则就成了象牙塔里的陈腐学问，没有实际意义。我们对待传统文化不能照单全收，要有鉴别、有扬弃，继承发扬其中的正能量，吸取对于提升国人道德水准、维持良好的社会秩序有指导和借鉴意义的精华。比如“三纲五常”中的五常，强调“君臣有义、父子有亲、夫妇有别、长幼有序、朋友有信”，可以作为构建现代社会伦理关系的借鉴；而“三纲”即“君为臣纲、夫为妻纲、父为子纲”，与今天的家庭关系和社会秩序严重抵触，早已为时代所淘汰。所以，继承和弘扬优秀传统文化必须具体分析和仔细剥离，切忌“一锅煮”和“一刀切”。

习总书记进一步指出，更好地继承和弘扬中华优秀传统文化，还要“处理好继承与创新、转化与发展的关系，做好创造性转化和创新性发展”。创造性转化，就是要按照时代特点和要求，对那些至今仍有借鉴价值的内涵和陈旧的表现形式加以改造，赋予其新的时代内涵和现代表达形式，激活其生命力。创新性发展，就是要按照时代的新进步和新发展，对中华优秀传统文化的内涵加以补充、拓展、完善，增强其影响力和感召力。

这就告诉我们，对于传统文化不能照搬照抄，而要深入挖掘中华传统文化中的精华，并赋予其新的时代内涵，使之真正成为推进改革开放和社会主义现代化建设的精神动力。要用符合时代需要和大众口味的形式对传统文化作出新的阐释，使之以人们喜闻乐见、具有广泛参与性的方式推广开来。

总之，继承传统不是要简单地回到传统，而是要使时

代精神和传统文化相融合，发出有中国特色社会主义新伦理的新苗，使其成为实现民族复兴的精神支柱和价值支撑。

三、社会主义核心价值观是对中华优秀传统文化的传承与升华

以上我们主要从中华优秀传统文化的核心思想理念这个角度谈了中华优秀传统文化与社会主义核心价值观的关系，其实，中华文化博大精深，构成社会主义核心价值观文化根源的不仅仅是这些核心思想理念，中华传统美德、中华人文精神，以及中华优秀传统文化中蕴含的其他思想和智慧，都是涵养社会主义核心价值观的文化之源。社会主义核心价值观正是建基于中华优秀传统文化的根基之上，又根据时代发展的要求，广泛吸收借鉴一切人类文明的优秀成果，对中华优秀传统文化加以辩证提取和现代升华而提出来的。

（一）国家层面价值目标的传承与升华

“富强、民主、文明、和谐”是社会主义核心价值观在国家层面的价值追求。它既包含了对中华优秀传统文化的历史继承，又被赋予了新的时代内涵。

首先，富强，即富足而强盛。国家繁荣富强，人民安居乐业历来是中华民族孜孜不倦的追求。据《论语》记载，有一次，孔子到卫国去，其弟子冉求驾车。进入卫国，孔子发现这里人口兴旺，于是说人丁充足啊！冉求问人丁充足后应该做什么？孔子答：“富之。”也就是使民众富足（《论语•子路》）。后来，弟子子张问孔子：什么是

仁？孔子回答了五点——恭、宽、信、敏、惠（《论语·阳货》）。惠，就是给予好处，主要是使人富裕。子张还问过孔子：如何从政？孔子讲要遵循五种美德，其中仍然有“惠”（《论语·尧日》）。孔子也曾评论郑国政治家子产，认为他有君子之道，说了四条，其中一条就是“其养民也惠”（《论语·公冶长》）。由于子产能够用惠民来对待他的民众，所以孔子称他为“惠人”（《论语·宪问》），等等。在中华优秀传统文化中，这样的思想和论述很多，说明富强绝不仅仅是国家层面的事情，其入手处是国民的富强。由民众富到国家富，由民众强到国家强，体现了中华文化以人（民）为本的原则特征。社会主义核心价值观所倡导的“富强”，不仅内含了国强民富这一中华传统文化的精华，还包含着中国人民对精神层面富足的追求，是中国特色社会主义现代化建设的一种应然状态。

民主，是中华优秀传统文化中“重民本”思想的时代升华。“民惟邦本，本固邦宁。”中华文化以民为本的原则特征在第一讲中我们已详细谈到，不再多说。社会主义核心价值观所倡导的“民主”，就是以“民本”思想为基础的，它不但重视民生，而且还充分强调和维护“人民”的主体地位，充分保障“人民当家作主”的权利，以“人民”的利益为出发点和落脚点，这是传统“民本”思想在当今时代的具体升华。

文明，代表了社会发展的开化和进步的状态。“仓廪实而知礼节，衣食足而知荣辱”（《管子·牧民》），简明地道出了物质文明与精神文明之间的内在关联。在古代，虽然生产力水平低下，但并没有阻碍人们对文明的追求。商鞅变

法、胡服骑射，尤其是北魏孝文帝移风易俗的系列改革以及历朝历代的变革，不仅仅推动了古代生产力的发展，在文化上也大大推进了中华文明的发展和进步。就这样，经由时代的升华，社会主义核心价值观倡导的“文明”，不仅重视物质文明、精神文明的发展，而且包括社会及生态文明等诸多层面，表达了中国特色社会主义“文明”建设的丰富内涵。

和谐，是中华优秀传统文化的核心思想理念之一。中华文化“贵和尚中”，主张“天人合一”“和而不同”等“和合”理念，我们前面已详细谈到。今天，社会主义核心价值观倡导的“和谐”，是对中华传统文化中“和合”思想的时代提炼，是指导和协调人与人、人与社会、人与自然、人与自己等诸多关系的价值理念和准则。

（二）社会层面价值内容的传承与升华

自由、平等、公正、法治是社会主义核心价值观在社会层面的价值目标。这几点内容，一方面继承了中华优秀传统文化的精髓，另一方面，又结合时代特点和人类价值取向进行了现代性的价值重构与优化，可以说是吸纳人类文明结晶的产物。

自由，不仅是马克思主义的追求，更是全人类共同追求的理想与目标。在中华文化中，自由一词古已有之。自由，简单讲，就是任由自己，凭自己做主。在中国传统文化中，自由思想虽然零散，但基本可以分为三个层面：一是人身的自由，二是选择的自由，三是行动的自由。人身的自由，非常简单，不用赘述。选择的自由，孔子说：“为仁由己。”（《论语·颜渊》）是不是行仁爱，完全由你自己决定。还说："仁远乎哉？我欲仁，斯仁至矣。"（《论语·述而》）仁爱离我很远吗？只要我愿意践行仁爱，仁爱就会来到我这里。这实际上说的是价值选择，是否选择规范，选择哪种规范，完全取决于个人。孟子也说："求在我者也。"（《孟子·尽心上》）价值追求的权力握在自己手中。行动的自由，孔子总结自己一生，对最后阶段这样概括："七十而从心所欲不逾矩。"（《论语·为政》）从心所欲，随着自己的意愿，想怎么着就怎么着；不逾矩，不违反规矩。从心所欲却不逾矩，表达的是自由的状态。在孔子看来，个人随便什么行为只要符合社会要求，体现着规矩，人就是自由的。规矩并不是外在的条条框框，就存在于个人的思想与行动中。这样，人不仅没有丝毫被束缚或者被迫服从的感觉，也没有被阻碍的感觉，所以说是自由的。这种自由是规矩与自我的融会贯通，是一种有秩序的自由。

表面上看来，秩序、规则、制度是个人自由的天敌，其实它恰恰是个人实现自我价值的平台。放纵自我，置制度、礼俗（公序良俗）和法律于不顾，不要说赢得社会承认和尊重了，就是连生存都保障不了，还谈什么自由与发展？从这一点看，中国传统文化中的自由，不是绝对的没有原则的自由，而是秩序、规则范围内的自由，这一点既不同于西方"天赋人权"的自由，也有别于社会主义核心价值观所倡导的自由，需要我们辩证地继承和发展。社会主义核心价值观所倡导的自由，是新形势下中国共产党立足中国现实，结合时代精神，对中国传统文化的自由观与西方自由民主思想的融合、优化而提出来的，其实质是在社会主义制度下充分保障人权，使人民充分自由地享受各

个方面发展成果的自由。

平等、公正价值观，我们在前面讲中华文化“崇正义”思想理念的时候，已经涉及。平等是公正的前提，“公则天下平，平得于公”。实行公则天下正，正得自于公。中国传统文化中的平等观和正义观具有一定的历史局限性，与现代意义上的平等观、正义观是有一定距离的。这一点我们必须承认。社会主义核心价值观所倡导的平等，是公民权利地位的平等，旨在不断实现实质平等。社会主义核心价值观所倡导的公正，也突破了传统文化语境中“公平”的历史局限性，主要指社会的公平与正义，它以人的自由平等权利的获得为前提，同时弘扬了公平与正义的社会风尚，有利于实现社会治理上的有序和稳定。

法治，与人治、德治相对，中国传统社会虽然重视德治，但在法治方面也留下了丰富的思想理念。孔子讲得很明白：“道之以政，齐之以刑，民免而无耻。道之以德，齐之以礼，有耻且格。”（《论语·为政》）意思是，以政令来左右，以刑罚来管束，可以带来避免民众犯罪的效果，但是不能使他们知道羞耻。以道德来教化，通过礼制来约束，可以使民众知道羞耻，还能够使他们走上正路。这也是古人更重视德治的原因，法治的是标，不治本，只有德治通过事先预防、主体自律，才能治本。韩非子提出：“法不阿贵，绳不挠曲；法之所加，智者弗能辞，勇者弗敢争。刑过不避大臣，赏善不遗匹夫。”（《韩非子·有度》）意思是，法律不偏袒地位高贵的人，墨线不迁就弯曲的东西。应该受到法律制裁的人，无论是谁，不管地位多高、财力多厚、名声多好、关系多广，也不管历史多么辉煌、本领多么高强、贡献多么巨大，都要接受同样的惩罚，惩罚非过，不可回避权贵大臣，奖赏善行，不可遗漏普通百姓。正所谓“王子犯法与庶民同罪”。这实际上为人们确立了平等的守法意识。社会主义核心价值观强调的“法治”，不仅是国家治理的一种方式，而且是党和人民治理国家的基本方略。把法治作为治国理政的基本方式，是社会主义民主政治的基本要求，更加强化了法律的权威和尊严。党的十八届四中全会提出全面推进依法治国，强调“法律是治国之重器，良法是善治之前提”，更加突出了法治的重要作用，将社会治理的方方面面纳入法治的轨道，关进法律的笼子，依靠法律机制来引领社会生活，实现社会和谐与稳定。

（三）个人层面价值诉求的传承与升华

爱国、敬业、诚信、友善是社会主义核心价值观对公民个人道德规范的高度凝练和集中概括。它既汲取了中华优秀传统文化中个人价值观的养分，又进一步提升了其时代价值，形成了覆盖社会道德生活各个领域的公民应该恪守的基本道德准则。

爱国，是中华民族的优良传统，也是中华民族继往开来的精神支柱。自古以来，爱国主义和家国一体的观念深深根植于中华文化之中。

中华文明一脉相承的延续发展，成为人类文明史上的一道奇观。固然有着非常深刻的原因，其中毋庸置疑的是，千百年来深深融入民族意识之中的爱国主义优良传统，成为鼓舞中华民族艰苦奋斗、继往开来的重要精神支撑。“天下兴亡，匹夫有责”“先天下之忧而忧，后天下之乐而乐”“人生自古谁无死，留取丹心照汗青”“以身许国，何

事不敢为”等思想，是中华传统文化中爱国主义精神的集中写照。

今天，社会主义核心价值观倡导的爱国，是对中华传统文化中“家国一体”爱国传统和忠义思想的批判继承与弘扬。在当代中国，爱国主义是爱国、爱党、爱社会主义的有机统一，是社会主义核心价值观与中国特色社会主义道路的有机统一，是民族精神与时代精神的有机统一。这是当代爱国主义精神最本质、最重要的表现。

敬业，是关于从业者的价值规则，反映的是个人与职业之间的关系。敬，即敬畏，是对所从事的职业和职务满怀敬畏。爱、忠、勤、节，四个字是古人对敬业的基本要求，相对应的规范分别是仁爱、忠诚、勤劳、秩序。简单讲，“业精于勤，荒于嬉”，是古人对待职业的基本态度，对我们现代公民而言，敬业，主要体现在忠于职守、克己奉公、服务人民与社会、发扬社会主义职业精神等方面。

诚信，是中华民族的传统美德之一。“言必信，行必果”，诚信，在古代被视为安身立命的准则之一。在中华传统文化中，诚信思想非常丰富，我们在第一讲中已经详细谈过。今天，倡导诚信，既是弘扬中华传统美德的需要，又是社会主义道德建设的题中要义，同时，这也从侧面反映出在现代市场经济条件下，诚信现象的缺失，呼吁人们要诚实劳动、信守承诺、诚恳待人，强烈呼唤诚信精神的回归。

友善，是人际关系方面的准则。“与人为善，善莫大焉”，是中国古代文化对“善”的理解和阐释，敬他、爱人是对其价值层面的要求。社会主义核心价值观倡导的“友善”，更强调公民之间的相处之道，即应相互尊重、互帮互助、和睦友好，以此形成良好的社会主义新型人际关系。诚信、友善，既传承了中华优秀传统文化的仁爱基因，又超越了传统群他关系的局限性，并赋予其中国特色社会主义的价值内涵，实现了创造性的超越与升华。

（四）在传承中华优秀传统文化中培育和践行社会主义核心价值观

中华优秀传统文化是社会主义核心价值观的根基和源泉，社会主义核心价值观是对中华优秀传统文化的传承与升华。这一关系说明，今天，培育和践行社会主义核心价值观，要以传承中华优秀传统文化为立足点；传承中华优秀传统文化，要以培育和践行社会主义核心价值观为要旨，使二者有机结合，在传承中华优秀传统文化中培育和践行社会主义核心价值观，在培育和践行社会主义核心价值观中传承与发扬中华优秀传统文化，从而提高国家文化软实力，铸就自立于世界民族之林的中国精神。

一方面，培育和践行社会主义核心价值观，要以传承中华优秀传统文化为立足点。

有一个原因不能忽视，那就是长期以来，我们一直存在着未能科学地对待中华优秀传统文化传承的问题。近代以来，随着西方世界的强大以及我国国运的衰微，西方文化逐渐成为一种强势文化，而曾经领先世界的中华文化则惨遭无情的诘问，甚至一度面临着“传统与现代、东方与西方”的二元对峙与选择。在西方强势文化的影响裹挟下，中华文化究竟路在何方？迷惑、彷徨，曾经是很长一段时间里国人较为普遍的文化心态。后来，我国实行了对外开

放政策，随着我国对外开放的不断扩大和深入发展，西方各种文化和社会思潮大量涌入，社会上又出现了一定程度的“以洋为美、以洋为尊、拿来主义”，甚至“贬低、漠视优秀传统文化”的错误倾向。除此之外，一段时间以来社会上关于中华文化的精华与糟粕、复兴与复古等问题，也存在模糊甚至错误的认知。

这些问题不解决，培育和践行社会主义核心价值观就会成为“无根之木”和“无源之水”。所以，习近平总书记多次强调：弘扬社会主义核心价值观，必须从中华优秀传统文化中汲取丰富营养，否则就不会有生命力和影响力。

当然，还有一个问题不能忽视，那就是：主张弘扬社会主义核心价值观要在传承中华优秀传统文化的基础上进行，并不意味着将中华优秀传统文化与社会主义核心价值观等量齐观或相提并论，更不是要以传承中华优秀传统文化替代弘扬社会主义核心价值，错误地认为传承中华优秀传统文化就是要用优秀传统文化主导当代中国的社会主义文化建设，从而有意无意地将弘扬社会主义核心价值观搁置一边，这样的认识都是错误的。

另一方面，传承中华优秀传统文化，要以培育和践行社会主义核心价值观为要旨。

这首先是因为社会主义核心价值观形成的现实基础与中华优秀传统文化不同。绵延数千年的中华优秀传统文化，归根到底是在以高度集权的封建专制政治，统摄（集中）普遍分散的小农经济的社会结构模式中形成的，本质上属于封建社会的意识形态，适应于封建统治者治国理政的实际需要，其提出和推行离不开封建统治者及其士阶层的厉行"教化"。而社会主义核心价值观形成的现实基础，是社会主义的经济基础及"竖立其上"的社会主义民主政治和法律制度，代表广大人民群众治国理政的是中国共产党，实行的是人民群众当家作主的根本方针。就是说，社会主义核心价值观作为推进中国社会改革发展和社会主义现代化建设事业的主导价值观，代表广大人民群众的根本利益，充分体现了社会主义意识形态的属性及其当代使命。在这个问题上，中华优秀传统文化无疑不可与之同日而语。

其次，社会主义核心价值观吸收了西方资本主义核心价值观的有益成分，包括它的某些话语形式，如民主、法治、自由、平等。它们虽然与中华优秀传统文化有着价值观念上历史资源性的关联，但也不可相提并论。

最后，社会主义核心价值观不仅是对中华优秀传统文化的传承和超越，也因其吸收和包容了现代西方资本主义文化价值的有益成分而具有超越资本主义文明的特性，它在主导价值观的当代性和前瞻性的意义上展示了中国胸怀和中国气派，既代表中国社会文明价值观发展进步的方向，也代表着当代人类社会核心价值观的先进水平和发展进步的方向。

所以说，传承中华优秀传统文化要以弘扬社会主义核心价值观为指导，就是要坚持古为今用、承接与创新相结合的原则，促使中华优秀传统文化为弘扬社会主义核心价值观、建设社会主义文化强国服务，而不是主张直接以中华优秀传统文化的价值观为标准，营造传统中国那样的社会风尚，评判和培育传统中国人那样的人格。

由此看来，坚持以社会主义核心价值观为指导，传承

中华优秀传统文化，既要反对历史虚无主义，也要反对历史绝对主义和狭隘的民族主义，确立把弘扬社会主义核心价值观与传承中华优秀传统文化辩证统一起来的科学思维方式，探寻和厘清把两者有机结合起来的实践路径。

（五）大学生培育和践行社会主义核心价值观的时代要求

习近平总书记在北京大学师生座谈会上的重要讲话指出：社会主义核心价值观是对中华优秀传统文化的继承和升华，广大青年培育和践行社会主义核心价值观，必须大力弘扬中华优秀传统文化，做到“勤学”“修德”“明辨”“笃实”。总书记着眼于当代青年的历史使命，面对全国青年发出了时代的呼唤，为青年大学生确立了人生的价值导向，也是青年大学生培育和践行社会主义核心价值观的根本遵循。

勤学，努力学习。“一勤天下无难事”“业精于勤荒于嬉”“欲得真学问，须下苦工夫”等，这些古训说得非常明白，勤学是做好诸事的前提。所谓“勤”，一是学习的态度，二是学习技巧。有时候，我们不能只顾低头走路，偶尔还要抬头看天，勤学亦是如此。光有苦学的态度还不够，还应该掌握学习的技法，要知道为了什么而学，还应该了解学什么才能达到预期的目的。传承中华优秀传统文化，培育和践行社会主义核心价值观，首先，需要广大青年努力学习中华优秀传统文化，辩证地看待中华传统优秀文化，不断增强文化自信。需要广大青年在认真梳理中华传统优秀文化的基础上，摒弃糟粕、发扬精华、革故鼎新，促进中华优秀传统文化更好地协调与适应当代社会与世界文化的发展趋势，使中华优秀传统文化兼具鲜明的民族特色和浓郁的时代精神。

修德，出自《左传•庄公八年》，意思是修养德行、行善积德，成为一个品德高尚的人。中华优秀传统文化中蕴含着丰富的道德理念和规范，如“天下兴亡、匹夫有责”的担当意识，“精忠报国、振兴中华”的爱国情怀，“崇德向善、见贤思齐”的社会风尚，“孝悌忠信、礼义廉耻”的荣辱观念等。青年大学生们要传承发展中华优秀传统文化，培育和践行社会主义核心价值观，就要大力弘扬自强不息、敬业乐群、扶危济困、见义勇为、孝老爱亲等中华传统美德。

明辨，出自《礼记•中庸》，“博学之，审问之，慎思之，明辨之，笃行之”，意思是，要博学多才，就要对学问详细地询问，彻底搞懂，要慎重地思考，要明白地辨别，要切实地力行。这是古人对学习的五个基本要求。其中，“明辨”为第四阶段的要求，学是越辨越明的，不辨，则所谓“博学”也会鱼龙混杂，真伪难辨，良莠不分。这就要求广大青年弘扬中华传统优秀文化，要提升文化自觉，正确对待中华优秀传统文化的传承与发展，而且要有文化创新意识，不断丰富和发展社会主义先进文化，自觉抵制西方价值观对我国的不断渗透。

笃行，“笃行”是古人为学的最后阶段，就是既然学有所得，就要努力践行所学，使所学最终有所落实，做到“知行合一”。“笃”，是忠贞不渝、踏踏实实、一心一意的意思，有坚持不懈之意。只有目标明确、意志坚定，才能真正做到“笃行”。笃行是价值实现的关键环节。再好的价值理念，如果光说不做，一点意义都没有。价值观的价值

就体现在实践中。当代青年大学生，作为中华优秀传统文化的继承者和创造者，同时也是社会主义核心价值观的积极实践者，应当自觉肩负起时代所赋予的伟大使命，将弘扬中华优秀传统文化融入自身学习之中，注重明辨和养成，做到坚守和践行，使社会主义核心价值观成为自身的日常行为准则和自觉奉行的信念理念。

青年人应该有什么样的价值观，习总书记已经给了我们明确的答案，它们既是社会主义核心价值观的一部分，也是当代青年人身上最需要的品质。青年人是中国的未来和希望，是中国梦最大的动力来源和后继者，希望我们每一位青年人都能够头顶蓝天，肩负责任，脚踩大地，修身养性，在实现中华民族伟大复兴中国梦的实践中贡献青春和力量。

思考题：

1. 新时代大学生怎样做社会主义核心价值观的积极践行者？

2. 如何理解中华优秀传统文化是价值观自信的源泉？

专题三 弘扬塞罕坝精神 打造绿色中国

2017 年 8 月，中共中央总书记、国家主席、中央军委主席习近平对河北塞罕坝林场建设者感人事迹作出重要指示指出，55 年来，河北塞罕坝林场的建设者们听从党的召唤，在“黄沙遮天日，飞鸟无栖树”的荒漠沙地上艰苦奋斗、甘于奉献，创造了荒原变林海的人间奇迹，用实际行动诠释了绿水青山就是金山银山的理念，铸就了牢记使命、艰苦创业、绿色发展的塞罕坝精神。他们的事迹感人至深，是推进生态文明建设的一个生动范例。

一、塞罕坝的沧桑巨变

（一）塞罕坝的曾经辉煌

视频 1：塞罕坝的曾经辉煌

塞罕坝，位于河北省承德市围场满族蒙古族自治县境内，平均海拔 1500 米，年均气温 -1.3℃，极端最低气温 -43.3℃，积雪 7 个月，大风日数 53 天，无霜期仅 67 天。历史上的塞罕坝是一处水草丰沛、

森林茂密、禽兽繁集的天然名苑，在辽、金时期被称作“千里松林”，曾作为皇帝狩猎之所。

（二）塞罕坝的没落之殇

1840年以来，经历了屈辱的鸦片战争之后，清王朝日薄西山、大厦将倾。因吏治腐败和财政颓废，清政府内忧外患，皇帝已无心游乐狩猎。为弥补国库亏空，清政府于1863年下旨将木兰围场开禁放垦。很快，斧头与大锯、征伐与荒火蜂拥而入。

进入20世纪，中国战乱频仍，烽火连天，民生艰难，又遭日本侵略者的多年掠夺采伐和连年山火，原始森林已荡然无存，当年“山川秀美、林壑幽深”的太古圣境和“猎士五更行”“千骑列云涯”的壮观场面已不复存在。

到新中国成立初期，人们惊恐地看到，在不足百年的时间里，“美丽的高岭”便梦碎荒原，退化为高原荒丘，沦落成“黄沙遮天日，飞鸟无栖树”的苍凉大漠和一座座乱石嶙峋的“大光顶子山”。塞罕坝的大森林排山倒海般地倒下了，沙尘暴遮天蔽日地飘起来了。没有了森林的保护和滋润，大地沙化，气温骤降，最低温度达到 −43.3℃，年平均气温降至 −1.3℃。

（三）塞罕坝的凤凰涅槃

新中国成立后，中国共产党人愈来愈深切地感到生态恶化之痛。1956年，毛泽东同志提出“绿化祖国”的伟大口号。从此，重整山河，植树造林，绿化祖国，成为中国领袖率先垂范和持之以恒的国家行动。

视频2：塞罕坝的凤凰涅槃

通过塞罕坝两代人50多年的艰苦奋斗，在极端困难的立地条件下，在140万亩的总经营面积上，成功营造了112万亩人工林，创造了一个变荒原为林海、让沙漠成绿洲的绿色奇迹。森林覆盖率由建场初期的11.4%提高到现在的80%，林木总蓄积量达到1012万立方米，塞罕坝人在茫茫的塞北荒原上成功营造起了全国面积最大的集中连片的人工林林海，谱写了不朽的绿色篇章。

二、塞罕坝的涅槃之路

（一）治理塞罕坝的初心

说到治理塞罕坝的初心，就要说到沙尘暴。沙尘暴 是沙暴和尘暴两者兼有的总称，是指强风把地面大量沙尘物质吹起并卷入空中，使空气特别混浊，水平能见度小于1000米的严重风沙天气现象。

有人曾经形容20世纪七八十年代的北京，好像院子旁的房顶上铺满了沙子，一旦大风刮起必然黄沙满院。那时，北京往北直线距离不到200千米的内蒙古浑善达克沙地就是沙尘暴的重要来源地之一。那里的海拔比北京高出1000多米，北风一刮，沙尘暴直扑京津地区，而位于浑善达克沙地南缘的塞罕坝则是沙尘暴的必经之地。

视频3：20世纪60年代以来中国的沙尘暴

为了改变“风沙紧逼北京城”的严峻形势，林业部决定在河北北部建立大型机械林场。1961年10月，塞罕坝已是冰天雪地。林业部国有林场管理局副局长（后为林业部

副部长)、38 岁的“老革命”刘琨率队前来考察。他说:“防沙防风的唯一办法就是种树固土,把森林恢复起来。中国五行说‘土生金’,没土哪来的金?如果大风把表土都刮跑了,沙漠直逼北京和中原,不要说老百姓的日子没法儿过,新中国还怎么面对世界啊?”刘琨的考察报告惊动了中南海。在财政极其困难的情况下,中央下决心拨出一笔巨资,在河北北部开展大规模的防沙造林。林业部随即召开专门会议,商定调集一批精兵强将,在塞罕坝等荒漠化严重的地方筹建五个大型机械化林场,以弧线方式构筑一道保卫北京、造林固土的防线。

1962 年 2 月 14 日,林业部下达文件《关于河北省承德专区围场县建立林业部直属机械林场的通知》,中华人民共和国林业部承德塞罕坝机械林场正式组建。

1964 年 2 月 24 日,国家计划委员会文件批复,批准《林业部承德塞罕坝机械林场总体规划设计方案》。总体规划规定当时的建场任务有四项:一是建成大片用材林基地,生产中、小径级用材;二是改变当地自然面貌,保持水土,为改变京津地带风沙危害创造条件;三是研究积累高寒地区造林和育林的经验;四是研究积累大型国营机械化林场经营管理的经验。

(二)塞罕坝人的担当

20 世纪 60 年代的塞罕坝,集高寒、高海拔、大风、沙化、少雨五种极端环境于一体,自然环境十分恶劣。刚刚建场的塞罕坝,没有粮食,缺少房屋,交通闭塞,冬季大雪封山,人们便处于半封闭、半隔绝的状态;没有学校,没有医院,没有娱乐设施,从四面八方赶来的建设者们,除了简单的行李衣物，其他的几乎一无所有。

建场之初，林业部为塞罕坝林场配备了一支高规格、精干的创业队伍：由承德专署农业局局长王尚海任党委书记、承德专署林业局局长刘文仕任场长、林业部工程师张启恩任技术副场长、丰宁县副县长王福明任副场长，由53人、47人和27人组成的承德农业专科学校、东北林学院、白城林业机械学校共127名大中专毕业生，与原承德专署塞罕坝机械林场、围场县大唤起林场、阴河林场的242名干部职工一起组成了369人的创业队伍。这支队伍，来自全国18个省市，平均年龄不到24岁。就是这369人，拉开了塞罕坝林场建设的大幕，也开启了对塞罕坝人理想和意志的严峻考验。

塞罕坝人的担当精神主要体现在：

一是与自然条件抗争。20世纪60年代的塞罕坝天气恶劣：寒冷、荒凉、闭塞，让人们感到美好的憧憬和残酷的现实形成了巨大反差。有数据显示：这里极端最低气温 -43.3℃，年平均温度 -1.3℃；年均无霜期64天。一位老职工回忆说："冬季是最难熬的，气温零下40多度，滴水成冰，每天早上都会刮白毛风，几乎天天下雪，雪深没腰，所有的道路都被大雪覆盖，我们与外界的联系几乎中断"，"大雪被风一刮，屋内就是一层冰，即使抱着火炉子也不会有热的感觉。晚上睡觉要带上皮帽子，早上起来，眉毛、帽子和被子上会落下一层霜，铺的毡子全冻在了炕上，想卷起来得用铁锹慢慢地铲"。除了寒冷，就是风沙，塞罕坝年均六级以上大风日数76天，当时有句谚语，"一年一场风，年始到年终"。

二是与艰苦生活抗争。建设初期的塞罕坝人面临着缺食少房的困境。刚刚建场的塞罕坝只有少量房屋，却一下子涌来100多人，大家无处栖身，就住仓库、车库、马棚，还住不下，就搭窝棚；没有食堂，就在院子里支个棚子，架上几口大锅，露天吃饭；缺少粮食，就吃全麸黑莜面加野菜；缺少副食，多数时间只能吃咸菜，有时吃盐水煮莜麦粒，能吃上点盐水泡黄豆，就是难得的美味了。安顿下来后，他们边生产，边建设，由于当时到县城没有公路，建筑材料紧缺而且昂贵，他们便就地取材，用草坯建起简易的“干打垒”，用石头和莜麦秸建起了一栋栋草房，终于赶在雨季之前，全部有了住处；为从根本上解决粮食问题，他们就派出一部分人员开荒种地，一边造林一边种粮，既解决了吃饭问题，又保证了林业生产，实现了自给自足、自力更生。最苦的还是造林季节，由于离住地远，大家必须吃住在山上。没地方住，他们就在山上搭牛顶架窝棚、马架子，随山势挖地窨子，在沼泽地里挖草坯盖“干打垒”。住在里面，每天早上起来，草铺下面已经化出一层水，被子的四周和人的头发上都是一层白霜。

当时的塞罕坝到县城没有一条像样的路，接近100千米的路开车要走上整整一天，且没几辆汽车，主要交通工具是马车。冬季大雪封山后，人们基本处于封闭、隔绝状态。现在的老人回忆说，那时出门真是一项很大的工程。没有学校，大家就把库房收拾出来当作教室，临时抽调两名职工做教师，孩子们就在这样的学校里开始了学习。没有医院，只能备一些常用的解热、止痛药，有了病，轻的就挺着，严重了才能送走。巴尔扎克曾说：“在各种孤独中，人最怕精神上的孤独。”没有电，没有娱乐设施，人们除了吃饭、睡觉、工作外，没有任何娱乐活动，孤独和寂寞无时不在挑战他们的心理极限。

三是与失败抗争。从 20 世纪 60 年代到 80 年代初期，是塞罕坝林场造林的黄金时期，但是 20 多年的前进道路上总是布满坎坷荆棘。创业初期，因缺乏在高寒、高海拔地区造林的成功经验，1962、1963 年连续两年造林成活率不到 8%。1977 年，林场遭遇了百年难遇的“雨松”灾害，一夜之间 57 万亩林地的树木被压弯、压折或劈裂，林场 10 多年的劳动成果被天灾无情地夺去了一半……1980 年，林场遭遇百年难遇的大旱，12 万亩树木旱死当了柴烧。

视频 4：与困难抗争的塞罕坝人

坚强的塞罕坝人没有被击垮，他们含泪用自己的双手，重新造林，从头再来。塞罕坝人克服了常人难以想象的困难，与大自然展开了艰苦卓绝的不屈抗争。据统计，1962 年至 1984 年，林场共造林 100 万亩，总计 14.8 亿余株，按株距 1 米计算，可绕地球 12 圈；保存下 68 万亩，保存率 71%，创全国造林保存率之最。

56 年来，三代塞罕坝人以坚韧不拔的斗志和永不言败的担当，在荒寒遐僻的塞北高原营造起了百万亩林海，演绎了荒原变林海、沙地成绿洲的人间奇迹，铸就了林业建设史上的绿色丰碑，也留下了许多感人至深的故事，出现了许多可歌可泣的模范人物。

视频 5：可歌可泣的塞罕坝人

三、塞罕坝的精神丰碑

伟大的时代孕育伟大的精神，伟大的精神推动伟大的事业。2017 年 8 月，习近平总书记指出，河北塞罕坝林场的建设者们铸就了牢记使命、艰苦创业、绿色发展的塞罕坝精神。这是对塞罕坝精神的高度概括，揭示了塞罕坝精神的本质内涵和根本要求。

知识拓展：习近平总书记对河北塞罕坝林场建设者感人事迹的重要批示

习近平对河北塞罕坝林场建设者感人事迹作出重要指示：新华社北京 2017 年 8 月 28 日电：中共中央总书记、国家主席、中央军委主席习近平近日对河北塞罕坝林场建设者感人事迹作出重要指示指出，55 年来，河北塞罕坝林场的建设者们听从党的召唤，在“黄沙遮天日，飞鸟无栖树”的荒漠沙地上艰苦奋斗、甘于奉献，创造了荒原变林海的人间奇迹，用实际行动诠释了绿水青山就是金山银山的理念，铸就了牢记使命、艰苦创业、绿色发展的塞罕坝精神。他们的事迹感人至深，是推进生态文明建设的一个生动范例。

习近平强调，全党全社会要坚持绿色发展理念，弘扬塞罕坝精神，持之以恒推进生态文明建设，一代接着一代干，驰而不息，久久为功，努力形成人与自然和谐发展新格局，把我们伟大的祖国建设得更加美丽，为子孙后代留下天更蓝、山更绿、水更清的优美环境。

（一）塞罕坝精神的内涵

第一，牢记使命就是坚定自信的执着追求。面对严峻形势，第一代塞罕坝人挺身而出，响应国家号召，从四面八方齐聚塞罕坝这个不毛之地。半个多世纪以来，一代又一代塞罕坝人始终牢记“为首都阻沙源、为京津涵水源”的使命，始终为了履行这个使命奋发努力，在极其恶劣的自然环境下不忘初心，坚定理想和信念，满怀美好憧憬，在急难险重的任务面前，勇于担当，无私奉献，用心血、汗水乃至生命创造出了世界面积最大的人工林，换来了茫茫高原无言矗立的“千棵松”“万棵树”。这种精神彰显的正是对使命的忠诚、对信念的坚守和对理想的追求。

第二，艰苦创业就是不畏艰险的开拓创新。在世事变迁中，塞罕坝人不畏艰难、玉汝于成、创业干事的家国情怀始终没有变。艰苦奋斗体现在塞罕坝人身上，就是一种奋发有为、迎难而上、勇往直前的精神状态。塞罕坝高寒、高海拔、大风、沙化、少雨，对于常人来说，仅适应这种极端环境就已非常困难，但塞罕坝人凭着艰苦创业的精神，在当年世所罕见的恶劣环境中，啃窝头、喝雪水、住马架、睡窝棚、钻地窨子，以苦为荣、迎难而上，在流沙中植树，在荒漠上建设，斗严寒抗冰雪，以“更细、更实、更好”的工作作风，坚持科学规划和科技创新，攻克了高寒地区引种、育苗、造林等一系列技术难关，闯出了林场可持续发展的成功之路，完成了育苗、造林、营林、有害生物防治等 9 类 60 多项科研攻关项目，一个个科技新突破使塞罕坝精神“不驰于空想，不骛于虚声”，塞罕坝从荒山秃岭到茫茫林海，洒下了塞罕坝人奋力拼搏的汗水，凝结了塞罕

坝人呕心沥血的智慧，彰显了塞罕坝人攻坚克难、永不言弃的高贵品质。

第三，绿色发展就是优化生态，实现人与自然和谐共生的终极关怀。56 年来，塞罕坝几代人坚持“先治坡、后治窝，先生产、后生活”，把个人选择、个人追求与国家需要和人民利益紧密结合起来，在生态文明建设的伟大实践中实现个人理想和人生价值，创造了巨大的经济效益、社会效益和生态效益，为可持续发展打下了坚实根基。塞罕坝人为高寒荒原铺上了生命之颜，以绿水青山铸就了塞罕坝绿色发展传奇，以实际行动和美丽生态描绘着人与自然和谐发展的前景，诠释了绿色发展的丰富内涵和无限效能。他们的实践证明，绿色发展是加快转变经济发展方式的重要方向和途径，是功在当代、利在千秋的伟大壮举。

（二）塞罕坝精神的价值追求

塞罕坝人以大无畏的英雄气概和百折不挠的苦战精神，创造了一个人间奇迹，谱写了一部绿色史诗，提供了一个生态文明建设范例。

第一，塞罕坝精神是以爱国主义为核心的民族精神的有力体现。民族精神是一个民族漫长经历的历史积淀和升华，集中反映了民族的价值理想和价值追求，它是一个民族区别于其他民族的根本性标识，也是一个民族凝聚力和强大战斗力的内在基因，它渗透到民族的整个机体里，贯穿在民族的全部历史长河中。在 5000 多年的发展过程中，共同的历史记忆、共同的文化认可、共同的政治归属把中华民族紧紧联系在一起，逐步形成了一整套优秀文化传统，就是以爱国主义为核心的团结统一、爱好和平、勤劳勇敢、自强不息的民族精神。这种民族精神是逐渐积累、不断丰富和发展的。中华民族深深扎根于中华大地丰厚的文化和历史的沃土之中，历经磨难而信念愈坚，饱尝艰辛而斗志更强，焕发着中华文明的勃勃生机。塞罕坝精神正是民族精神在新的历史条件下的具体体现和持续发展。56 年来，塞罕坝人不管生存条件多么艰苦，都能以顽强的精神担当使命，辛勤劳动，努力开拓，不断进取，无私奉献。他们所有的牺牲、奉献、忠诚，铸成了一座座丰碑，体现的正是奋发图强，为国家建功立业的豪情壮志，体现的正是对至善理想和人生价值的执着追求，体现的正是中华民族在多灾多难中不屈不挠、人定胜天的大无畏革命精神和开拓创新精神。

第二，塞罕坝精神是培育和践行社会主义核心价值观的必然要求。培育和践行社会主义核心价值观，既强调“富强、民主、文明、和谐”国家层面的价值目标，也强调“自由、平等、公正、法治”社会层面的价值取向，还强调“爱国、敬业、诚信、友善”个人层面的价值准则。社会主义核心价值观构成了中华文明绵延传承的现实支撑，是社会道德风尚的“定盘星”。塞罕坝三代人用自己的青春与汗水不仅在高寒干旱、风沙蔽日、人烟稀少的荒漠建起了百万亩林海，更主要的是三代护林人形成了艰苦创业、以苦为乐的奉献精神。一代一代务林人在“献了青春献终身，献了终身献子孙”的无悔付出中，实现了他们对人生价值和社会理想的追求，生动诠释了社会主义核心价值观的本质要求，形成了培育和践行社会主义核心价值观的典范和高峰，增强了人们对培育和践行社会主义核心价值观的思

想认同，拓宽了培育和践行社会主义核心价值观的创新路径。今天的塞罕坝林场，每年都有本科生、研究生志愿来到这里，寻找着事业的自由，寻找着精神的平等，寻找着天道酬勤的公正，他们用实际行动谱写着爱国、敬业、诚信、友善的最美的价值之歌。

第三，塞罕坝精神是攻坚克难的强大动力。“艰难困苦，玉汝于成”，凝聚了中华民族内在理想信念和外在精神风貌，描绘了中华民族精神家园的底色，是最可宝贵的精神财富，是中华民族勇于担当、接续奋斗、攻坚克难的强大“文化基因”。塞罕坝从一棵树到一片“海”，从不毛之地到生态宝地——塞罕坝人不仅在高寒沙地上书写了一段绿色传奇，而且为我们探索出了一条生态优先、绿色引领的发展新路，创造了一个生态文明建设的范例。面对一次次造林失败，塞罕坝人不放弃、不气馁、不蛮干，依靠科技创新，攻克了高寒地区引种、育苗、造林等一系列技术难关，创造出一个个营林技术的新突破和新奇迹，多项科研成果获国家级奖励，5 项成果达到国际先进水平。目前，塞罕坝每年为京津地区净化、输送清洁淡水 1.37 亿立方米，固碳 74.7 万吨，释放氧气 54.5 万吨。在华北地区降水量普遍减少的情况下，当地降水量反而增加 100 多毫米。每年提供的生态服务价值超过 120 亿元，以国家累计 3.4 亿元的投资，创造了 153 亿元的森林资源价值。这就是塞罕坝精神的底蕴所在，令人振奋，催人奋进。

第四，塞罕坝精神是实现中华民族伟大复兴的有力思想支撑。江河万里总有源，树高千尺也有根。铸就生态文明，建设美丽中国，是实现中华民族伟大复兴中国梦的重要内容。对于中国而言，生态环境建设既是当务之急又是长久之计，是推动人与自然和谐共存的内在需要，是建设美丽中国的必然要求。习近平总书记指出“生态兴则文明兴，生态衰则文明衰”，实现中华民族伟大复兴，我们用几十年的时间走完了发达国家几百年走过的发展历程，我国经济发展进程波澜壮阔、成就举世瞩目，蕴藏着理论创造的巨大动力、活力和潜力。但是，我们也付出了很大的环境和资源代价。改革开放以来，特别是党的十八大以来，我国经济社会发展实现了巨大变革，我们对生态文明建设的认识、对中国特色社会主义建设规律的把握，已经达到了一个前所未有的新的高度，进入了一个新时代。同时也要看到，我国社会主义还处在初级阶段，我们还面临很多没有弄清楚的问题和待解的难题，对许多重大问题的认识和处理都还处在不断深化的过程之中。在这样的时代大背景下，塞罕坝这个生态文明建设的范例更显珍贵，塞罕坝的绿水青山构筑了一个绿色的梦，塞罕坝精神内涵升华了人们的思想愿景。只有把绿色作为发展底色，把生态环境保护放在更加突出的位置，像保护眼睛一样保护生态环境，像对待生命一样对待生态环境，坚决摒弃一切破坏生态环境的发展模式，坚决摒弃以牺牲生态环境为代价换取一时经济增长的做法，推动形成绿色发展方式和生活方式，才能实现经济社会发展与生态环境保护的共赢，才能既有绿水青山又有金山银山，才能为实现中华民族伟大复兴奠定坚实的思想基础。

知识拓展：

十九大报告中关于《加快生态文明体制改革，建设美丽中国》的论述：人与自然是生命共同体，人类必须尊重自然、顺应自然、保护自然。人类只有遵循自然规律才能有效防止在开发利用自然上走弯路，人类对大自然的伤害最终会伤及人类自身，这是无法抗拒的规律。我们要建设的现代化是人与自然和谐共生的现代化，既要创造更多物质财富和精神财富以满足人民日益增长的美好生活需要，也要提供更多优质生态产品以满足人民日益增长的优美生态环境需要。必须坚持节约优先、保护优先、自然恢复为主的方针，形成节约资源和保护环境的空间格局、产业结构、生产方式、生活方式，还自然以宁静、和谐、美丽。

四、弘扬塞罕坝精神，打造绿色中国

（一）让历史照亮现实

在党的十九大报告中，习近平总书记强调："建设生态文明是中华民族永续发展的千年大计。"人类历史上曾因破坏自然而受惩罚，也因保护环境而共享太平。当前，环境恶化、空气污染、生态破坏情况严重，成为摆在世界面前的一道难题。国际环境气候大会多次召开，人们虽有共识，但任重道远。气候变化议题已经从一个单纯的科学议题转变为复杂的国际政治、经济和外交议题，其背后彰显着各国政治、经济发展利益和外交力量的角逐。

让历史照亮现实，就是以史为鉴。面对难以解决的大问题，借助于已有的经验和智慧，让历史照亮前行的道路。

视频6："人定胜天"与"天人合一"

塞罕坝的今夕变化和对比，让我们明白一个道理：人类只有保护自然，才能与自然和谐共生，才能繁荣昌盛。人不仅是有生命的自然存在物，而且是有意识的社会存在物。人为了要把自然界的自然物变成人的生活和活动的一部分，首先必须适应自然物本身的性质和规律，以自然物的尺度来规定自己的对象性活动。这不是对自然界的本能的适应，而是同人的意识活动相联系的自由自觉自为的适应。只有基于这种自由自觉自为的适应，才可能产生积极的效应和肯定性成果。我国思想家荀子说过："天行有常，不为尧存，不为桀亡。应之以治则吉，应之以乱则凶。"这就是说，人的行动必须正确地适应不以人的意志为转移的自然规律，才能取得好的效果，否则就会招致灾祸。

苏轼有诗云："横看成岭侧成峰，远近高低各不同。不识庐山真面目，只缘身在此山中。"在新的历史起点上，我们要以历史为戒鉴，以更宽广的视野来看待我们的环境、资源和气候变化，以更有效的举措推进循环发展、可持续发展、绿色发展。

（二）把精神转化为动力

党的十八大吹响了生态文明建设的时代号角，党的十九大又对生态文明建设进行了顶层设计。一场关乎亿万人民福祉、中华民族永续发展的绿色变革，已经开启新征程。在全国上下都在努力探索绿色发展道路的历史进程中，弘扬塞罕坝精神，有利于我们振奋精神、鼓舞斗志，凝聚力量、推动发展。当年，荒原上昂扬挺拔的一棵树，坚定

了塞罕坝林场建设的信心；如今，荒原变林海的绿色奇迹，坚定了我们建设社会主义生态文明的信心。可以说，塞罕坝精神就是我们推进生态文明建设的动力。

第一，把塞罕坝精神转化为动力，要聚焦实现执政理念和执政方式的新超越。我们党治国理政、提高国家治理能力的一个重要现实课题，就是实现经济社会与资源环境协调发展，提升国家生态环境治理能力现代化水平。要立足推进国家治理体系和治理能力现代化的宽广视野和远景规划，致力于全面的系统的改革和改进，形成各领域改革和改进的联动和集成，形成总体效应、取得总体效果。要丰富并拓展保护生态环境，实现绿色发展的方式和策略，为推进生态文明、建设美丽中国开辟广阔空间。

第二，把塞罕坝精神转化为动力，要积极探索环境保护的创新路径。习近平同志强调，绝不以牺牲环境为代价去换取一时的经济增长。用生态文明的理念来看环境问题，其本质是经济结构、生产方式和消费模式问题。要从宏观战略层面切入，搞好顶层设计，从生产、流通、分配、消费的再生产全过程入手，制定和完善环境经济政策，形成激励与约束并举的环境保护长效机制，走出一条环境保护新路。加强环境保护有两条教训值得记取：一是一些西方发达国家曾走过的“先污染后治理、牺牲环境换取经济增长”的老路在我国走不通，也走不起；二是我国一些地方把经济发展与环境保护割裂开来，付出了过大的资源环境代价。这就需要以塞罕坝精神为动力，坚持问题导向，保持战略定力，积极探索环境保护新路，创新思路和方法，让生态系统休养生息，让人与自然和谐共生。

第三，把塞罕坝精神转化为动力，要拓宽改善民生的崭新渠道。习近平总书记提出，良好生态环境是最公平的公共产品，是最普惠的民生福祉。当前，良好生态环境成为人民生活质量的重要内容，在群众生活幸福指数中的地位不断凸显。弘扬塞罕坝精神，建设生态文明，核心就是增加优质生态产品供给，让良好生态环境成为普惠的民生福祉，成为提升人民群众获得感、幸福感的增长点，成为经济社会持续健康发展的支撑点，成为展现我国良好形象的发力点，让中华大地天更蓝、山更绿、水更清、环境更优美。

（三）以新理念引领发展

党的十八届五中全会提出了创新、协调、绿色、开放、共享的新发展理念。

何为绿色发展理念呢？

绿色发展理念为可持续发展提供理论基础，其既强调生态与经济在时间轴上的纵向协调，为子孙后代留下天蓝、地绿、水清的家园；也强调同一时间点上各方面的横向协调，即把生态文明建设纳入“五位一体”总体布局，强调把绿色发展理念融入经济社会发展各个方面。

与以往的可持续发展观主要探讨可持续发展的方向不同的是，绿色发展理念不仅明确了方向，还指明了途径，即必须同时实现纵向和横向的经济与生态协调。

在绿色发展理念中，环境就是民生，青山就是美丽，蓝天也是幸福。绿色发展，不是给后人留下一个烂摊子，而是给后人留下丰富而宝贵的文化遗产；不是给后人留下环境恶劣、资源枯竭，而是给后人留下蓝天秀水与清洁空气，留下源源不断的宝贵资源……这就是绿色发展的全部

内涵。

党的十九大提出“在本世纪中叶建成富强民主文明和谐美丽的社会主义现代化强国”。“美丽”一词的增加，围绕的是经济、政治、文化、社会和生态文明建设这“五位一体”总体布局，强化的就是新发展理念中“绿色发展”的提法。

以新理念引领发展，就是要坚持人与自然和谐共生。按照生态系统的整体性、系统性及其内在规律，进一步搞清楚部分与整体、个体与群体、当前与长远的关系，统筹考虑山上山下、地上地下、陆地海洋，以及流域上下游等所包含的自然生态各要素，进行整体保护、系统修复、综合治理。正确处理经济发展与生态保护的关系，在寻找新动能和处理老问题之间把握好力度，实现改革、发展、稳定和保护之间的平衡协调，促进人与自然、经济发展与社会和谐、生态环境与人文建设等良性互动、协调并进，开创一条生产发展、生活富裕、生态良好的文明发展道路。

（四）以实干成就梦想

在党的十九大报告中，“坚持人与自然和谐共生”被确定为“构成新时代坚持和发展中国特色社会主义的基本方略”之一。塞罕坝人正是秉持这一理念，凭着“牢记使命，艰苦创业”的高尚情怀，“绿色发展，科学求实”的矢志追求，“前人栽树，后人乘凉”的奉献精神，“愚公移山，再造山河”的坚定信念和“踏石留印，抓铁有痕”的务实作风，探索出生态文明建设的道路，为实现美丽中国的梦想迈出了坚实的步伐。学习弘扬塞罕坝精神，就要坚定信心，勤奋务实，一步一个脚印地把美好蓝图变为现实。

在党的十九大报告中，“坚持人与自然和谐共生”被确定为“构成新时代坚持和发展中国特色社会主义的基本方略”之一。习近平总书记强调，建设生态文明是中华民族永续发展的千年大计，必须树立和践行绿水青山就是金山银山的理念，坚持节约资源和保护环境的基本国策，像对待生命一样对待生态环境，统筹山水林田湖草系统治理，实行最严格的生态环境保护制度，形成绿色发展方式和生活方式，坚定走生产发展、生活富裕、生态良好的文明发展道路，建设美丽中国，为人民创造良好生产生活环境，为全球生态安全作出贡献。

目标已经明确，方略已经出台，贯彻落实就成为重中之重。要切实把思想和行动统一到中央要求上来，坚定不移地推动中央决策部署落实落地，任何时候任何情况下都不打折扣、不做选择、不搞变通。

第一，大力变革生产生活方式。切实把生态文明的理念、原则、目标融入经济社会发展各方面，贯彻到各级各类规划和各项工作中。坚持节约优先、保护优先、自然恢复为主的方针，加快推进供给侧结构性改革，加快产业转型升级，形成节约资源和保护环境的空间格局、产业结构、生产方式、生活方式，引导人们从自身做起、从身边小事做起，让自然、环保、节俭、健康的生活方式深入人心、形成自觉。

第二，着力解决突出环境问题。我国正处在新型工业化、信息化、城镇化、农业现代化同步发展的进程中，发达国家在一二百年工业化发展过程中逐步显现和解决的环境问题在我国累积叠加，生态环境已经成为全面建成小康

社会的突出短板。要加大环境治理和生态保护工作力度、投资力度、政策力度，以改善环境质量为核心，切实解决损害群众健康的突出环境问题。要有逢山开路、遇水架桥的拼劲和闯劲，面对困难迎头而上，面对风险挺身而出，强化坚忍不拔、使命至上的责任意识，顶起自己该顶的那片天。要打好大气、水、土壤污染防治攻坚战和持久战，推动环境质量改善，提供更多优质生态产品。要重点推进产业结构调整，加强散煤和机动车治理，加强区域联防联控，强化重污染天气应对。要坚持全民共治、源头防治，深入实施山水林田湖生态保护和修复工程，实现天蓝、地绿、水清，还自然以宁静、和谐、美丽。

第三，把握生态建设发展规律。坚持预防为主、守住底线，推动转方式调结构。预防是环境保护的首要原则，主体功能区、生态红线、战略和规划环评、环境标准，都是重要的手段。积极实施主体功能区战略，从布局和结构上守住生态环保底线。绿色循环低碳发展，是当今时代科技革命和产业变革的方向，是最有前途的发展领域，我国在这方面的潜力相当大，可以形成很多新的经济增长点，为经济转型升级添加强劲的“绿色动力”。要抓住绿色转型机遇，推进能源革命，加快能源技术创新，推进传统制造业绿色改造，不断提高我国经济发展绿色水平，实现经济发展与生态改善的双赢。

第四，拓展生态文明建设的国际视野。生态环境恶化是个全球性问题，对此，习近平总书记指出：“国际社会应该携手同行，共谋全球生态文明建设之路。”在 2013 年 2 月召开的联合国环境规划署第 27 次理事会上，我国生态文明理念被正式写入决议案。2016 年 5 月，联合国环境规划署发布《绿水青山就是金山银山：中国生态文明战略与行动》报告。毫无疑问，环境治理已经是世界性话题，推进生态文明建设必须加强与世界各国的交流与合作，坚持“引进来”与“走出去”相结合，吸收其他国家和地区在推动生态文明建设中的经验为我所用，又让中国推动生态文明和绿色发展理念走出去，为促进世界更加美丽提供中国智慧和中国方案。

思考题：

1. 简述塞罕坝精神的内涵及价值追求。

2. 塞罕坝用什么样的方式实现了绿色发展，成就了今天的凤凰涅槃？

专题四　科技创新助推伟大复兴的“中国梦”

党的十九大报告指出，创新是引领发展的第一动力，是建设现代化经济体系的战略支撑。这一新论断赋予创新驱动发展战略新的历史定位。纵观世界各国走向现代化的历史，科技创新始终是一个国家、一个民族迈向繁荣发展的重要推手。中华民族是一个具有创新精神的民族，在古代就创造了以“四大发明”为代表的科技成果，领先于世界；近代以后，由于各种原因，我国屡次与科技革命失之交臂，付出了“落后挨打”的惨痛代价。科技兴则民族兴，科技强则国家强，这是历史发展得出的必然结论。

一、科技创新与大国崛起

科技创新是原创性科学研究和技术创新的总称，是指创造和应用新知识和新技术、新工艺，采用新的生产方式和经营管理模式，开发新产品，提高产品质量，提供新服务的过程。科技创新通常可以被分成三种类型：知识创新、技术创新和现代科技引领的管理创新。马克思曾深刻指出：

“社会劳动生产力首先是科学的力量”，“大工业把巨大的自然力和自然科学并入生产过程，必然大大提高劳动生产率”。近代以来，大国崛起的历史经验证明：科技创新能力是一个国家持续发展之根，也是一个民族兴旺发达的不懈动力。以近代以来先后崛起的有世界性影响的大国为例，无不是以强大的科学技术应用和科技创新能力为支撑的。

（一）葡萄牙和西班牙的崛起

西方近代以来最早崛起的殖民帝国是葡萄牙和西班牙，这两个国家也是近代史上欧洲最早诞生的民族国家。葡萄牙和西班牙都位于欧洲伊比利亚半岛，独特的地理位置为两国发展海外贸易和海上扩张提供了重要条件。

视频 1：葡萄牙和西班牙的崛起

葡萄牙和西班牙国土面积不大，人口不多，却能引领当时的世界联通，这并非偶然，原因是多方面的：

其一，两国恰好在 15 世纪完成了政治统一，建立了中央集权制的国家。两国虽是封建王朝统治，但其内部政局稳定，外部没有战乱，这就使它们可以集中力量从事海上探险和新航路的开辟。

其二，两国的统治者和民间人士都高度重视新航路的开辟。统一后的王朝，力图通过海外贸易和掠夺，扩大财源。好斗的贵族们更是跃跃欲试，争先恐后地到海外寻找建功立业的机会。因此，王朝统治者不惜人力、物力、财力支持对新航路的探索。

其三，两国虽不是科学技术最发达的国家，在科学研究方面也不处于领先地位，当时最伟大的科学家、发明家也很

少出自这两个国家，但它们确实是东西方科学技术发展的最大受益者。中国发明的罗盘针、火药，欧洲的地理学、天文学和造船术，都被它们用于航海探险，开辟新航路。

（二）英国的崛起

翻开欧洲地图，我们可以看到，在西欧大陆外有两个大的岛屿，一个叫不列颠岛，另一个叫爱尔兰岛。前者的全部加上后者的北半部以及附近的一些小岛组成了一个国家，即大不列颠及北爱尔兰联合王国，也就是我们所说的英国。英国本土位于欧洲大陆西北面的不列颠群岛，被北海、英吉利海峡、凯尔特海、爱尔兰海和大西洋包围。除本土之外，英国还拥有14个海外领地。

英国可谓“小国寡民”，它四面环海，任何一个地方距海岸线均不超过75英里，面积仅24万多平方千米，大小仅相当于中国的一个中等省份。17世纪末，英国人口只有600万，直到今天也只有6000多万。但，就是这样一个小国，在世界近代历史上，却占有非常特殊的地位——英国是世界上第一个迈进现代社会的国家。

视频2：英国崛起的历程

英国国家面积不大，人口也不多，究竟是什么原因，让这个原本在海洋中安详飘荡的小岛，孕育了超凡的能量，改变了自己，也影响了世界呢？工业革命为什么首先发生在英国？概括起来，主要有四个方面的因素：

其一，在长期的发展过程中，英国逐步形成了在当时比较先进的君主立宪制，打开了民主和自由的大门。在17世纪中叶，英国的商品经济已有较大发展，并率先爆发了资产阶级革命，消除了农业的封建土地制度和小农经济，为工业革命的兴起、为科学技术的发展提供了政治保障和经济前提。

其二，英国是近代科学的主要策源地，以牛顿力学为代表的经典物理学和以亚当·斯密为代表的古典政治经济学成为那个时代最先进的自然科学和社会科学，为产业技术创新和自由市场制度创新提供了强有力的理论指导和支撑，从而为工业革命的兴起奠定了坚实的科学理论基础。

其三，工场手工业的蓬勃发展，培养了大批富有实践经验的熟练工人，积累了丰富的生产技术知识，为机器的发明和应用创造了条件。

其四，英国在全球拥有庞大的殖民地，随着殖民扩张和海外市场的迅速拓展，使得英国可获取的资源越来越多，全球对英国商品的需求也越来越大，成为工业革命孕育发展的强大驱动力。

此外，还有一些因素对英国工业革命的爆发发挥了重要作用。例如，早在1215年，英国就颁布了《大宪章》，以法律的形式确定了对私有财产及公民个人权利的保障，这是市场经济制度的核心；早在1624年，英国就制定了专利权制度，大力保护发明人权利；英国最先建立了比较完善的银行体系，金融成为近代工商业发展有力的推进剂。

同时英国国内大力兴办和革新教育，早在12—13世纪，英国就建立起牛津、剑桥这样根本不同于中世纪神学院的新型大学。政府大力支持科研活动，奖励发明创造，给予科学家和技术发明者极高的荣誉和社会地位。

（三）德国崛起

在英国之后崛起的大国是德国。德国，全称德意志联邦共和国，是位于中欧的联邦议会共和制国家，该国由16个联邦州组成，首都为柏林，领土面积357167平方千米，人口约8217万，是欧洲联盟中人口最多的国家。

1871年，铁血宰相俾斯麦通过发动对丹麦、奥地利和法国的三场战争，完成了德国统一。统一后的德国紧紧抓住第二次工业革命的机遇，经济出现了飞跃性的发展，用30多年的时间超过了英国，成为欧洲第一、世界第二大经济强国。

20世纪初，德国在总人口、国民生产总值、钢铁产量、煤产量、铁路里程等方面都超过英国。德国制造的产品也风靡世界，19世纪末20世纪初，德国的酸、碱等基本化学品产量均为世界第一，世界所用燃料4/5出自德国。1913年，德国的电气产品占全世界的34%，居各国之首，超过头号工业强国美国5个百分点。

如果说，国家的统一为德国崛起提供了最重要的政治前提，那么，德国能够在短时间快速崛起，很大程度上得益于教育。可以说，科技创新因素是德国崛起的基石。

视频3：科技创新因素是德国崛起的基石

“二战”后，德国经济之所以能够迅速崛起，德国制造业之所以能够长盛不衰，并在全球化时代始终保持领先地位，主要得益于德国建立了“三位一体”的体系保障。

一是建立科技创新体系。“德国制造”的强大生命力在很大程度上依赖于领先的产品技术含量。

一方面，德国历届政府都充分认识到科学技术对国民经济发展的关键作用，十分重视制造业的科研创新和成果转化，着力建立集科研开发、成果转化、知识传播和人力培训于一体的科研创新体系，科技政策具有较强的连贯性。

另一方面，德国人始终相信一句话：真正决定企业前途命运的是研究与开发，而不是别的不能把握的客观因素。

因此，德国企业对研发投入毫不吝啬，研发经费约占国民生产总值 3%，位居世界前列。据统计，欧盟企业研发投资排名中，前 25 位有 11 家德国公司，排名第一的德国大众汽车公司年度研发费高达 58 亿欧元。即便在欧债危机期间，尽管订单有所减少，但德国企业的研发投入不仅没有相应递减，反而逐步增加，使以先进制造业为强大支撑的德国经济受欧债危机的影响甚微，反而因持续不断的科技创新而更具生机和活力。

二是建立标准化和质量认证体系。德国长期以来实行严谨的工业标准和质量认证体系，为德国制造业确立在世界上的领先地位做出了重要贡献。

一方面，德国建立了完善、统一的行业标准，最主要的制定机构为德国标准化学会（DIN），其制定的标准涉及建筑、采矿、冶金、化工、电工、安全技术、环境保护、卫生、消防、运输和家政等几乎所有领域，每年发布上千个行业标准，其中约 90% 被欧洲及世界各国采用。

另一方面，德国建立了公正、客观的质量认证和监督体系。这些技术监督机构，实行独立于政府和行业以外的自主经营，依照 ISO 和 DIN 等标准对企业产品和制造流程

进行检测，并为合格者颁发认证证书。这样既有效协调了本土企业间的竞争，又确保了“德国制造”的质量，还整体提升了“德国制造”的竞争力。据统计，“德国标准”每年为德国制造业创造价值达180亿欧元。

三是建立了先进的大学教育和面向企业的职业教育“双元发展”模式。

“德国制造”的成功离不开富有活力和高水准的技术工人。在培养技术工人的过程中，德国注重推行双轨制职业教育，即由学校和企业联合开展职业教育。学校负责传授理论知识，企业为学生安排到一线实习和培训。政府对数百个职业制定毕业考核标准，以确保教学和人才质量的评判水平。

目前，在德国可以参加的培训职业多达350多种。特别值得一提的是，德国技术工人的平均工资远高于英、法、美、日等国，与白领阶层相差无多。

正是这些技术娴熟的工人把研发出来的蓝图变成精美的产品，投放市场，帮助德国企业在经济全球化过程中始终保持强大竞争力。

（四）美国崛起

西方最后崛起的大国是美国。

美国是美利坚合众国的简称，是由华盛顿哥伦比亚特区、50个州和关岛等众多海外领土组成的联邦共和立宪制国家。其主体部分位于北美洲中部。美国中央情报局《世界概况》1997年修正版标明的国土面积为963万平方千米，人口3.2亿，是一个典型的移民国家。

美国没有赶上19世纪40年代开始在欧洲进行的第一

次工业革命，却搭上了19世纪60年代开始的第二次工业革命的末班车，到了19世纪末20世纪初，美国的工业产值已经居世界首位了。20世纪40年代，以原子能技术、航天技术、电子计算机技术的应用为代表的第三次工业革命在美国爆发，从此，美国成为全球科学研究和技术创新潮流的引领者，并一直保持到现在。

视频4：19世纪60年代以来美国的科技成就

作为一个新兴的移民国家，美国的崛起不是偶然的，决定美国崛起的因素主要有：一是富于进取的冒险精神和创新文化；二是美国在其崛起过程中拥有得天独厚的安全环境和国际条件；三是高素质的国民教育和广纳人才的政策；四是美国的创新能力和美元的世界货币地位；五是良好的知识产权制度。在长期的发展中，美国逐步形成了一整套能有效激励创新的制度和政策体系，使市场机制充分发挥优化资源配置的决定性作用和政府积极作用。这是美国创新活力源源不竭和长期保持领先地位的根本原因。

视频5：影响美国崛起的因素

与英国等欧洲国家的科技创新不同，美国的科技创新有自己鲜明的特点。

一是以实用性创新为主导。在美国众多发明创新中，大都是针对市场需求的实用性发明或商业模式的创新。

二是注重全面创新。在美国人看来，创新是指一个人或机构产生新的想法并将其进行商业化应用的过程，不仅仅是指实验室的发明，更应指能投入实际应用的发明。

三是草根创新蔚然成风。美国绝大多数创新来自社会草根阶层的能动者、实践者，而不是待在实验室的科学家，更不是夸夸其谈的空想家。在《美国创新史》收录的53位伟大的创新者当中，有卡车司机、肖像画家、修鞋匠、中小学教师、海员、卖蔬菜水果的侨民、美发师、小商贩、广告员、磨坊主、不识字的奴隶女儿、海滩出租车司机、小职员等。

四是军民融合互动创新成效卓著。战争和军备竞赛对加速科技创新无疑具有刺激作用。但迄今还没有哪一个国家比美国更自觉、更善于通过军民融合互动来加速科技创新和产业化、商业化应用。尤其在航空航天、核能、电子信息网络、新科技、海洋、生物工程等科技领域，美国军民融合互动创新成效卓著。

（五）日本崛起

世界近现代史上大国崛起的特例是日本。

日本，全称日本国，位于亚洲东部、太平洋西北。国名意为“日出之国”，领土由北海道、本州、四国、九州四大岛及7200多个小岛组成，总面积37.8万平方千米，总人口约1.26亿。

在后发国家科学史上，日本是一个特别的例子。它是亚洲唯一一个能够在19世纪启动并实现工业化的国家，即便在经历“二战”战败的重创之后，也能够抓住机遇，利用科技创新的法宝再次迅速崛起。

日本自然资源匮乏，在很长的一段历史时期内，日本一直是一个贫穷、弱小、落后的封建小国。经历长期的战乱后，德川家康于1603年统一了日本，建立了江户幕府政府。

为了维护来之不易的安定局面，幕府政府开始施行长达200多年的闭关锁国政策。但是，西方文明的冲击还是不可避免地到来了。从1764年开始以后的近100年间，西方列强频频叩关，竟达52次之多。1853年，来自太平洋东岸美利坚合众国的四艘全副武装的黑色军舰，敲开了日本国门，日本被迫开国。这个东方岛国遭遇了巨大的生存危机，也迎来了弃旧图新的机遇。

1868年，日本封建幕府被推翻，明治天皇上台，拉开了日本走向近代化并开始崛起的帷幕。从此，日本进行了急速的资本主义改革——著名的“明治维新”，在短短的几十年内使自己成为东方世界第一个摆脱西方大国的欺凌、顺利实现现代化的国家，成为唯一一个挤入帝国主义列强行列、靠侵略扩张在自己的国土外建立过殖民地的亚洲国家。

从渴望主宰自身的命运到渴望成为世界的主角，究竟是什么在主导这个岛国如同海潮般激荡起落的命运呢？应该说，是国内国际多种因素作用和一定历史条件的结果：一是明治政府大力推行“脱亚入欧”战略；二是大力引进和吸收西方先进技术；三是着力夯实智力基础，培育人力资本。

视频6：日本崛起的原因

“二战”后，日本经济濒临崩溃的边缘，但在美国的监护和扶持下，再次通过大量引进国外先进技术，并更加注重在消化吸收的基础上再创新，又迅速实现崛起。到20世纪60年代末，也就是明治维新100年后，日本经济总量超越德国，成为仅次于美国的世界第二经济大国。此后，日本经济又延续了十几年的快速增长，产业

结构由“重化工业化”向“技术密集化”升级。到20世纪80年代，日本的许多产业国际竞争力大幅提高，成为对美国也具有巨大竞争压力的经济强国。直至20世纪80年代后期，日本形成严重的“泡沫经济”。但时至今日，日本主要制造业的技术水平和国际竞争力仍处世界一流。

今天的日本不但在技术领域居于世界前列，在科学方面也拥有雄厚的实力。据统计，迄今为止，日本已有22人获得诺贝尔科学奖，仅2000年以来就有17人，其中两人为美国籍获奖，这一数量仅次于美国的59人，高于英国的10人、法国的7人和德国的6人。

视频7：日本科学家何以能“井喷式”获奖?

日本科学家何以能“井喷式”获奖？究其原因，日本的研发投入、人才培养、科学家的谱系传承，以及科研环境建设等均是重要的“推进剂”。

二、辉煌的中国古代科技

中国是世界上四大文明古国之一，我们的祖先创造了辉煌灿烂的文化，世界历史进程中，封建社会科学文化的最高成就是由中国创造的。其中农学、医学、数学、天文学是我国古代的四大自然科学。造纸术、指南针、火药、活字印刷术是中国古代对世界具有很大影响的四大发明。

但随着中国在1840年鸦片战争以后逐步沦为半殖民地半封建的国家，中国，一个有着光辉灿烂历史的文明古国逐渐退出了世界科技舞台。回顾近代以来的中国科技发展史，就是一部奋起直追世界科技的历史。

视频8：近代中国科技发展历程

英国研究中国科技史著名专家李约瑟院士曾经提出这样一个问题：“在上古和中古时代，中国科学技术一直保持一个让西方望尘莫及的发展水平，中国科学发现和发明远远超过同时代的欧洲，已被证明是形成近代世界秩序的基本因素之一。而中国古代文明却没有能够在亚洲产生出与此相应的现代科学，其阻碍因素是什么？近代三次世界工业大革命为什么没有发生在中国？”只有对这些问题深入思考，才有助于我们抓住机遇，实现科技创新能力跨越式发展，实现中华民族的伟大复兴。

概括起来，中国科技在近代落后的原因，有以下几方面：

其一，政治方面，封建专制制度束缚科技继续发展。其二，经济方面，腐朽的生产关系严重阻碍科技的发展。其三，文化教育方面，儒家文化和封建奴化教育阻滞科技的发展。其四，对外交流方面，明末清初“闭关锁国”的政策扼杀了先进科学思想的成长。

视频9：中国科技在近代落后的原因

对于四大发明发祥地的古老国家，曾经的辉煌令人自豪；对于一个饱尝落后挨打而行进在复兴之路上的伟大民族，历史的坎坷给人启示。总结中外历史经验，大国崛起的经验与启示是：第一，科技创新是决定大国兴替的关键因素；第二，从引进模仿到自主创新是一个国家科技创新能力建设必经的过程和捷径；第三，激励创新的制度和文化是大

国崛起科技创新因素的根本保证；第四，抓住世界科技革命和产业革命的历史机遇，实现科技创新能力跨越式提升是新兴大国崛起的成功之道；第五，各个国家要根据国情、发展阶段选择适合自身的科技创新模式。

当前，我国正处于重新崛起的伟大历史复兴进程中，将科技创新摆在核心位置，切实尊重知识、尊重人才，紧紧抓住新一轮科技革命蓄势待发的历史机遇，厚植创新的文化和土壤，大力推动实用性创新，构建经济社会持续健康发展的强大动力已成为决定民族命运的重大课题。正如习近平总书记指出的：“创新是引领发展的第一动力。抓创新就是抓发展，谋创新就是谋未来。适应和引领我国经济发展新常态，关键是要依靠科技创新转换发展动力。”

只有奋力走好民族科技创新之路，以科技为载体，以科技促发展，实现从经济大国到经济强国的跨越，中国才能赢得未来，真正实现伟大的民族复兴之梦，“中国梦”才不至于是空口号。

三、向科学进军：中国科技发展新阶段

1949 年 10 月 1 日，中华人民共和国成立，中国共产党面临着一个积贫积弱又饱经战乱的“烂摊子”。当时的中国国内仅有 30 多个专门研究机构，全国的科学技术人员不超过 5 万人。中国的科学技术需要在一片“废墟”上重建。

1949 年 10 月 31 日，新中国诞生还不到一个月，毛泽东便亲自将中国科学院印信颁给院长郭沫若。第二天，中国科学院正式成立。

这一举措在全国及海外华裔科技人员中引起了强烈反响，同时也体现出党中央对建立与发展中国自己的科学事业寄予厚望。

中国科学院成立之后的几年里，中国科协、中国气象局、国家地质部等科学技术协调与研究机构相继成立。中国的科学技术发展进入了崭新的历史阶段。

1956—1966 年，是新中国科技发展的关键时期，也是中国科学院快速发展、创造辉煌的 10 年，这是一段不能忘怀的历史。其中，1956 年，更是中国现代科学技术发展史上具有里程碑意义的一年。这年 1 月，毛泽东同志向全党全国发出了“向科学进军”的口号。

这一年，中国政府成立了国家科学规划委员会，组织全国 600 多位科学家和技术专家，制定出中国第一个发展科学技术的长远规划，即《1956 年至 1967 年科学技术发展远景规划》。在这个规划中，拟定了 57 项重大任务。

1958 年，中国政府对科技管理机构进行调整合并，成立了国家科学技术委员会、国防科学技术委员会。各省、自治区、直辖市、市、县陆续成立了各级科委，形成了中国的科学技术管理体系。中国科学技术事业进入了国家计划下的现代发展时期。

1962 年，科学技术远景规划提出的主要任务提前完成，从而奠定了中国的原子能、电子学、半导体、自动化、计算技术、航空和火箭技术等新兴科学技术基础，并促进了一系列新兴工业部门的诞生和发展。

在提前完成《1956 年至 1967 年科学技术发展远景规划》的基础上，中国又制定了《1963 年至 1972 年科学技术规划

纲要》（简称《十年规划》），从此，中国科技事业进入了一个有计划的蓬勃发展新阶段。

两个规划的实施催生了以“两弹一星”为代表的一大批科技成果，促进了一系列新兴工业部门和产业的诞生，国家实力提升，国人志气大长。

邓小平曾经评价“两弹一星”说：“如果60年代以来，中国没有原子弹、氢弹，没有发射卫星，中国就不能叫有重要影响的大国，就没有现在这样的国际地位。这些东西反映一个民族的能力，也是一个民族、一个国家兴旺发达的标志。”

正是在这段时期，大批海外学子怀着殷殷报国心，克服重重困难，回到了当时一穷二白的祖国，投入新中国的建设。

正在美国伊利诺伊大学任教的著名数学家华罗庚，听到中华人民共和国成立的消息后异常兴奋，毫不犹豫地放弃了在国外的终身教授职务和优厚的生活待遇，毅然回国。

1955年，航空动力学家冯·卡门的学生、时任美国加利福尼亚理工学院教授的钱学森，历经险阻，回国效力。美国国防部海军次长金贝尔曾通知司法部：“绝不能放走钱学森，他知道得太多了，我宁可把这家伙枪毙了，也不让他离开美国，因为无论在哪里，他都抵得上五个师。”

到1957年，归国的海外学人已经有3000多人，约占新中国成立前海外留学生和学者的一半以上。他们其中的大多数人成为新中国科学技术发展的奠基人或开拓者。在中国科学院选定的第一批233名学部委员（后改称院士）中，近2/3是这批归国的海外学人。

同时，中国政府着力大力培养科学技术人才，建立科研机构。在较短的时间内，中国初步形成了由中国科学院、高等院校、国务院各部门研究单位、各地方科研单位、国防科研单位五路科研大军组成的科技体系。

1964年，周恩来总理在政府工作报告上首次提出要实现工业、农业、国防和科学技术现代化，简称“四个现代化”。

知识拓展：

四个现代化即工业现代化、农业现代化、国防现代化、科学技术现代化。1954年召开的第一届全国人民代表大会，第一次明确地提出要实现工业、农业、交通运输业和国防的四个现代化的任务，1956年又一次把这一任务列入党的八大所通过的党章中。1964年12月21日，周恩来在第三届全国人民代表大会第一次会议上宣布，调整国民经济的任务已经基本完成。他代表中共中央提出：“在不太长的历史时期内，把我国建设成为一个具有现代农业、现代工业、现代国防和现代科学技术的社会主义强国。”

在此期间，中国科技事业得到迅速发展。1959年，地质学家李四光等人提出了“陆相生油”理论，打破了西方学者的“中国贫油”说；1960年，物理学家王淦昌等人发现反西格玛负超子；1964年，中国第一颗原子弹爆炸成功；1965年，生物学家们在世界上首次人工合成牛胰岛素。

在此过程中，中国形成了一批学科较齐全、设备较好的研究所，培养了一支水平较高、力量较强的科研队伍。到1965年，全国科学研究机构已达到1700多个，从事科

学研究的人员达到12万人。这些成就为中国科学技术事业继续发展奠定了坚实的基础。

这10年的成就加强了中国的国防力量，为社会主义建设提供了稳定的和平环境，提高了中国的国际地位，促进了生产力的提高，促进了经济的发展，中国的综合国力有了较大的提高。

在这个积贫积弱的新生共和国，中国政府能够在这样短的时间里建立起相对完整的研发体系，取得一个又一个科技硕果，这不能不说是科技史上的奇迹，也为中国的科技创新历史留下了骄傲的一笔。

不幸的是，从1966年开始，中国经历了长达10年的“文化大革命”。这场政治运动对中国的科学技术事业无疑是一场巨大的灾难。其间，科技管理一部分陷入瘫痪，研究机构有些被肢解，大批科学技术工作者被迫停止科研工作，下放到农村或厂矿劳动。

尽管如此，中国科学技术工作者还是在极为困难的条件下取得了一系列的重要成就。1966年，中国第一颗装有核弹头的地地导弹飞行爆炸成功；1967年，中国第一颗氢弹空爆成功；1970年，“东方红一号”人造地球卫星发射成功；20世纪70年代初期，数学家陈景润完成了哥德巴赫猜想中的“1+2”的证明，向着解决哥德巴赫猜想迈进了一大步。

1976年10月，“文化大革命”结束，中国进入了新的历史发展阶段。

四、科教兴国：用实力擎起现代中国

“科教兴国”思想的理论基础是邓小平同志关于科学技术是第一生产力的思想。1977 年，邓小平在科学和教育工作座谈会上提出：“我们国家要赶上世界先进水平，从何着手呢？我想，要从科学和教育着手”，“不抓科学、教育，四个现代化就没有希望，就成为一句空话”，明确把科教发展作为发展经济、建设现代化强国的先导，摆在我国发展战略的首位。从 20 世纪 70 年代后期到 90 年代初期，邓小平同志坚持“实现四个现代化，科学技术是关键，基础是教育”的核心思想，为“科教兴国”发展战略的形成奠定了坚实的理论和实践基础。

知识拓展：科教兴国

科教兴国是指全面落实科学技术是第一生产力的思想，坚持教育为本，把科技和教育摆在经济、社会发展的重要位置，增强国家的科技实力及向现实生产力转化的能力，提高全民族的科技文化素质，把经济建设转移到依靠科技进步和提高劳动者素质的轨道上来，加速实现国家的繁荣强盛。

科教兴国战略的提出源于 20 世纪末中国经济快速增长以及高投入、高消耗、低技术、低效率的粗放式增长模式。为了实现实现国民经济持续、快速、健康发展，就必须依靠科技进步，以解决好产业结构不合理、技术水平落后、劳动

视频 10：科教兴国战略提出的背景

生产率低、经济增长质量不高等问题，从而加速国民经济增长从外延型向效益型的战略转变。1995 年 5 月 6 日，中共中央、国务院作出《关于加速科学技术进步的决定》，首次提出实施科教兴国战略。从此，“科教兴国”成为中国发展的重大战略，也成为中国人耳熟能详的一个口号。

从科教兴国战略提出至今，20 年间，《国民经济和社会发展“九五”计划和 2010 年远景目标纲要》《国家中长期科学和技术发展规划纲要（2006—2020 年）》《国家中长期教育改革和发展规划纲要（2010—2020 年）》等一系列重大决策部署，不断丰富着“科教兴国”的时代内涵。

视频 11：科教兴国战略实施的成就

20 年间，中国成为世界第二大经济体，中国特色的国家创新体系已具雏形，中国建成世界上最大规模的职业教育体系。经过多年不懈努力，我国科技整体水平大幅提升，一些重要领域跻身世界先进行列，某些领域正由“跟跑者”向“并行者”“领跑者”转变。从纳米技术到人类基因组测序取得重大突破，从超级杂交水稻到移动通信技术一日千里，从北斗导航到高速铁路漂洋过海，科学和教育的力量不仅改变了中国的落后面貌，更成为支撑实体经济和现代产业发展的坚实臂膀，它重塑着当代中国发展的形态与内涵，也以前所未有的深度和广度影响着亿万人民的生活质量和思维方式。

当教育影响人、激发人、培养人的内涵成为全民族的共识，兴国路的驱力也就愈发强劲。“夫才智之民多则国强。”13 亿人口的人力资源优势一旦发挥出来，将是任何力量也比不了的。这正是中国经济增长奇迹背后的支撑，这更是中国未来腾飞的积蓄。

五、科技创新：打造民族复兴的新引擎

党的十九大报告，总结五年成就时提到，“创新驱动发展战略大力实施，创新型国家建设成果丰硕”。可以说，十八大以来，是创新前所未有的“黄金五年”。从“蛟龙”入海到“天宫”飞天，从“天眼”探空到“墨子”传信，从“悟空”探秘到国产大飞机直上九霄……一个个重大成果，见证着中国迈向创新型国家的坚实步伐，也一点一滴地刷新着世界对中国的印象。

视频 12：砥砺辉煌的五年——创新型国家成果丰硕

在全球跨入新一轮科技革命和产业变革的历史节点，中国科技成果缘何“井喷”？创新奇迹为何从东方而出？中国智造为何能频频领跑世界？对此，习近平总书记掷地有声：“我们最大的优势是我国社会主义制度能够集中力量办大事。这是我们成就事业的重要法宝。”从“向科学进军”到“科学技术是第一生产力”，从“科教兴国”“人才强国”到“建设创新型国家”，无不寄托着现代中国人对于改变落后面貌的强烈渴望，无不彰显党和政府对于科学技术的高度重视。

正如习近平总书记所指出的，实施创新驱动发展战略，最根本的是要增强自主创新能力，最紧迫的是要破除体制机制障碍，最大限度解放和激发科技作为第一生产力所蕴

藏的巨大潜能。时下，“中国制造2025”“互联网＋”行动计划、400亿元的新兴产业创业投资引导基金……一系列以科技创新引领的“大招”正在中国酝酿实施，它们必将带给转型中的中国巨大的活力和经济增长潜力。

知识拓展：《中国制造2025》

《中国制造2025》是中国政府实施制造强国战略第一个十年的行动纲领。

《中国制造2025》提出，坚持“创新驱动、质量为先、绿色发展、结构优化、人才为本”的基本方针，坚持“市场主导、政府引导，立足当前、着眼长远，整体推进、重点突破，自主发展、开放合作”的基本原则，通过“三步走”实现制造强国的战略目标：第一步，到2025年迈入制造强国行列；第二步，到2035年中国制造业整体达到世界制造强国阵营中等水平；第三步，到新中国成立100年时，综合实力进入世界制造强国前列。

围绕实现制造强国的战略目标，《中国制造2025》明确了9项战略任务和重点，提出了8个方面的战略支撑和保障。

2016年5月30日，全国科技创新大会、两院院士大会、中国科协九大三会同时召开，这次会议是在世界新科技革命渐次展开、国际科技竞争愈演愈烈、中国经济转型升级亟待科技支撑的重要历史关头召开的重要会议。在会上，习近平总书记发表了《为建设世界科技强国而奋斗》的讲话：“中国要强，中国人民生活要好，必须有强大科技。”

在讲话中，习近平总书记强调“科技兴则民族兴，科技强则国家强”，要在我国发展新的历史起点上，把科技创新摆在更加重要位置，并明确提出“三步走”的中国科技发展战略目标。包括：到 2020 年时使我国进入“创新型国家行列”；到 2030 年时使我国进入“创新型国家前列”；新中国成立 100 年时使我国成为“世界科技强国”。其中，第一步也是实现第一个“一百年”目标即“全面建成小康社会”的时间，第三步也是实现第二个“一百年”目标即民族复兴和“进入中等发达国家行列”的时间。

2017 年 10 月 18 日，习近平总书记在十九大报告中，17 次提到了“科技”，特别是在“加快建设创新型国家”部分，短短 300 多字 9 次提到了“科技”，5 次提到了“技术”，彰显了科技在实现中华民族伟大复兴中的重要作用。

建设世界科技强国，是以习近平同志为核心的党中央在新的历史起点、面向未来作出的重大战略决策，这一决策与中国梦的目标高度契合，使科技创新与中华民族伟大复兴紧紧相连，是中华民族为之不懈奋斗的光荣与梦想。

唯创新者进，唯创新者强，唯创新者胜。我们有理由坚信，具有创新禀赋、坚持走中国特色自主创新道路的中华民族，一定能够面向世界科技前沿、面向经济主战场、面向国家重大需求，加快各领域科技创新，掌握全球科技竞争先机，为实现“两个一百年”奋斗目标，实现中华民族伟大复兴的中国梦注入强大的科技引擎。

思考题：

1. 大国崛起的共同特点是什么？
2. 中国科技发展战略“三步走”的目标是什么？

专题五　中华民族伟大复兴与祖国完全统一

十九大报告明确把解决台湾问题、完成祖国完全统一列为党在新时代的历史任务之一，并且与实现中华民族伟大复兴的中国梦连在一起。中华民族伟大复兴是所有中华儿女的共同理想，实现中国完全统一是民族复兴的必然要求。

一、台湾自古就是中国领土

台湾位于中国大陆东南沿海的大陆架上，东临太平洋，东北与琉球群岛为邻；南面隔巴士海峡与菲律宾相望；西与大陆由台湾海峡一水相连，最近的台湾省新竹市距离福建省平潭县的平潭岛仅130千米。

台湾岛犹如一颗镶嵌在祖国东南沿海的美丽碧玉。它状（形）似烟叶（树叶），由最北端的富贵角至最南边的鹅銮鼻，南北长大约394千米；从东岸的秀姑峦溪口到西边的浊水溪口，东西宽约144千米，面积约为3.6万平方千米。包

视频1：台湾领土取得的国际法依据

括台湾岛、澎湖列岛、钓鱼岛等，共88个大大小小的岛屿，人口约为2350万。

台湾自古以来就是中国神圣领土不可分割的一部分。这主要是基于国际法地质构造一致的领土自然延伸原则和主权国家领土先发现、先命名的取得原则。

二、近代以来命运多舛的台湾

（一）台湾与祖国大陆的第一次分离

15、16世纪，随着地理大发现，世界进入海权时代。欧洲各国的船队出现在世界各处的洋面上，寻找着新的贸易路线以发展新生的资本主义，这些新兴的海权国家纷纷往亚洲拓展其势力。16世纪中叶以后，美丽富饶的台湾成为西方殖民主义者觊觎的对象。西班牙、葡萄牙等列强相继侵扰台湾，或掠夺资源，或进行宗教文化侵略，或直接出兵占领。17世纪初，荷兰打破了西班牙和葡萄牙人的殖民霸权地位，来到东方，积极参加对殖民地的掠夺。1642年，荷兰夺取了西班牙人在台湾北部的据点，从此，台湾沦为荷兰的殖民地长达38年。这是历史上台湾与大陆的第一次分离。

（二）台湾与祖国大陆的第二次分离

1662年4月1日，郑成功收复台湾，废除了荷兰人的殖民制度。其后，其子郑经、孙郑克爽前后治理台湾22年。郑氏祖孙三代治理台湾，奖励制糖、制盐，兴办工商业，发展贸易，开办学堂，改进原住民的农业生产方式。这些措施，推动了

视频2：郑成功收复台湾

台湾经济、文化的迅速发展，明郑末期台湾人口已近20万。这一台湾历史上重要的开发和发展时期，史称“明郑时代”。1683年（清康熙二十二年），清政府派军进攻台湾，郑克爽率众归顺。自此，台湾在清政府直接统治之下。

1684年（清康熙二十三年），清朝设台湾府，隶属福建省。台湾重新纳入中国中央政府的统一管辖之下，成为国家统一整体中不可分割的组成部分。

19世纪后半叶，日本经过“明治维新”走上资本主义发展道路，力图跻身列强，加紧了对中国的侵略。1894年它发动了中日战争（甲午之战），翌年3月攻占澎湖。腐败的清政府于1895年4月17日与日本签订了丧权辱国的《马关条约》，将台湾和澎湖列岛割让给日本。台湾从而沦为日本的殖民地，开始了长达50年的日据时期。

知识拓展：

1895年4月17日，丧权辱国的《马关条约》签订。《马关条约》中关于台湾的条款是这样的：

1. 中国割让台湾全岛及其所属各岛屿（包括钓鱼岛等）和澎湖列岛给日本；

2. 台湾澎湖内中国居民，两年之内任便变卖产业迁出界外，逾期未迁者，将被视为日本臣民；

3. 条约批准后两个月内，两国派员赴台办理移交手续。

视频3：台湾人民的浴血抗争

从1895年台湾沦失，到1945年重新光复的整整半个世纪中，不堪忍受亡国奴生活的台湾同胞，为了维护中华民族的尊严，保疆卫国，光复失地，与日本侵略者进行了长期的、不屈不挠的英勇斗争，从而在中国人民抗战史上谱写了光辉而壮丽的篇章。

（三）中国领土地位的再次确立

1941 年 12 月 8 日，珍珠港事件标志着太平洋战争的爆发。12 月 9 日美英对日宣战。同一天，中国国民党对日正式宣战。次日（12 月 10 日）中国政府向全世界正式发布对日本的《宣战布告》：“兹特正式对日宣战，昭告中外，所有一切条约、协定、合同有涉及中日间关系者，一律废止，特此布告。”根据国际法的原则，“战争使得交战国的条约失效”。这就是说中国政府的对日宣战，自然废止了包括《马关条约》在内的中日之间的一切条约、协定及合同。当年屈辱地割让出去的台湾、澎湖等领土回归中国。

第二次世界大战期间的国际协定重新肯定了台湾是中国领土不可分割的一部分，主要包括《开罗宣言》《波茨坦公告》和日本《无条件投降书》。

视频 4：“二战”期间，关于台湾问题的国际协定

1943 年 12 月 1 日，中、美、英三国共同签署的《开罗宣言》中规定：“日本所窃取于中国之领土，例如东北四省、台湾、澎湖群岛等，归还中华民国。”1945 年 7 月 26 日，中、美、英三国，后又有苏联参加签署的《波茨坦公告》中重申“《开罗宣言》之条件必将实施”。1945 年 8 月 15 日，日本宣布接受《波茨坦公告》中的条款，无条件投降。

至此，四项具有国际法律效力的文件，即中国《对日

宣战布告》《开罗宣言》《波茨坦公告》和日本《无条件投降书》，均已明确无误地确认或承认了台湾作为中国领土一部分的法律地位。

1945 年 10 月 25 日，中国战区台湾省受降仪式在台北中山堂（原台北市公会堂）举行。国民政府任命的台湾省行政长官公署主任兼台湾省警备司令陈仪主持受降仪式。陈仪在受降仪式结束后发表广播讲话：“从今天起，台湾及澎湖列岛正式重入中国版图，所有一切土地、人民、政事皆已置于中国政府主权之下。此一极有历史意义之事实，本人特向中国同胞及全世界报告周知。”至此，被日本强占达 50 年之久的台湾和澎湖列岛，正式由中国收复，重新归入中国版图。10 月 25 日，被定为“台湾光复节”。

中国人民经过 14 年的艰苦抗战，付出巨大的牺牲，终于同全世界人民一道打败了日本侵略者，使台湾重新回归祖国的怀抱，结束了台湾人民蒙受日本奴役的屈辱历史。这是台湾第二次回归中国。

三、台湾问题的实质及核心问题

台湾问题，就是指祖国统一和领土主权完整的问题，就是台湾以何种方式回归祖国、实现国家统一的问题，即采用军事手段还是和平谈判的方式实现国家统一的问题。

（一）台湾问题的由来及实质

台湾问题主要是由几个历史阶段形成的：第一是解放战争时期国民党败退台湾；第二是新中国成立前后，我军积极准备解放台湾；第三是朝鲜战争前后美国对台湾的政策发生了变化。

抗战胜利后，国民党在美国的支持下，不顾人民对建设和平、独立、民主、富强的新中国的渴望，单方面撕毁国共两党签订的和平建国的《双十协定》，发动了反革命、反人民的内战。在两种前途、两种命运的大决战面前，历史和人民毫不犹豫地选择了中国共产党，最终将国民党彻底打败并赶出大陆、赶到台湾岛。1949 年 10 月 1 日，中华人民共和国诞生。根据国际法中政府继承的原则，中华人民共和国政府取代原中华民国政府，成为中国的唯一合法政府。

随着国民党退居台湾，中国人民解放军开始筹划渡过海峡、解放台湾进而解放全中国的计划。1949 年 8 月至 1950 年 6 月，解放军相继解放了除金门、马祖以外的台湾外围的主要岛屿，并开始正式准备发起渡海攻台作战。但随着 1950 年 6 月 25 日，朝鲜战争的爆发，美军进入朝鲜，第七舰队驶向台湾海峡。中国同时面临来自东北和东南两方面的威胁。同时，美国还加强了对侵越法军的支持，向越南派出了军事顾问团，中国南部边疆的形势也骤然紧张。从当时中国的实力来看，要同时在三条战线与美国作战显然存在极大困难，而且当时解放军尚未有具有战斗力的海军和空军，要想短时间内突破美国第七舰队的封锁，进而解放台湾并不现实，于是，渡海攻台计划被无限期推迟。美国政府的政策，造成了台湾在其庇护下与海峡对岸的祖国大陆对峙将近 70 年。台湾海峡地区局势因之长期紧张，台湾问题也由此成为中美两国间的重大争端。

因此，台湾问题的产生，从本质上讲既是中国内战的遗留问题，也与美国势力的介入有密切关系。台湾问题长

期得不到解决，美国政府负有重大责任。另一方面，台湾问题完全是中国的内政，应该由中国人民自己解决。

（二）台湾问题是中美关系的最核心问题

视频5：20世纪50年代初以来中美在台湾问题上的博弈

虽然台湾问题是中国内战的延续，但背后却是绕不开的中美关系。近70年来，我们解决台湾问题的历史，最重要的内容也正是对美博弈的历史，正如邓小平所说："台湾问题说到底是美国问题。"美国政府从20世纪50年代初起，确立的武力干涉手段，迫使我国划峡而治的对台基本方针，是成为影响台湾问题长期存在且至今尚未解决并不断演进的主要外来因素。

知识拓展：中美三个联合公报

中美三个联合公报是1972年2月28日签订的《中华人民共和国和美利坚合众国联合公报》(《上海公报》)、1978年12月15日中美两国发表的《中华人民共和国和美利坚合众国关于建立外交关系的联合公报》(《中美建交公报》)和1982年8月17日签订的《中华人民共和国和美利坚合众国联合公报》(《八一七公报》)。

美国在三个联合公报中均强调坚持一个中国原则，这是中美两国关于两国关系以及我国台湾问题的重要历史文件。坚持一个中国政策和中美三个联合公报的原则是中美关系健康发展的政治基础。

知识拓展：《与台湾关系法》

《与台湾关系法》（英语：Taiwan Relations Act，缩写为TRA；香港、马新、台湾称为《台湾关系法》）是一部现行的美国国内法。1979年1月1日，美国政府终止与台湾政府间的所有正式外交关系，转而承认中华人民共和国政府后，美国国会制定此法并由美国总统吉米•卡特签署生效，以规范往后的美国与台湾关系。《与台湾关系法》中提到，此法为国会授权美国政府继续维持美国人民与在台湾人民间之商业、文化及其他关系，以促进美国外交政策，与外国、外国政府或是类似实体所进行或实施的各项方案或交往关系，同样适用于台湾人民。中国政府认为，《与台湾关系法》是美国联邦政府在已承诺承认一个中国，与中华人民共和国政府签订《中美联合公报》并宣布建立外交关系后，单方面违反《联合公报》的精神，为变相与台湾保持军事上的援助，干涉中国内政而颁布的一部美国国内法律。因其违反一个中国原则，粗暴干涉中国内政，中国政府多次尝试以外交形式解决此问题，但由于美国方面不能认真恪守已经签署的“中美三个联合公报”，因而此事至今仍未能得到解决。

应当看到，美国至今有人不愿看到中国统一，他们不断制造种种借口，施加种种影响，阻挠台湾问题的解决。台湾问题因此成为当时及以后相当长的一段时期里，中美关系中最重要、最敏感的核心问题。

四、“一国两制”基本方针与“九二共识”

（一）“一国两制”基本方针的形成

解决台湾问题、实现国家的完全统一，是新中国成立后中国共产党的一贯立场。在这一过程中，对台政策经历了由武力解放台湾到和平统一的发展变化。

1949 年 3 月 15 日，新华社发表题为《中国人民一定要解放台湾》的时评，首次提出“解放台湾”的口号。

从 1949 年至 20 世纪 50 年代中期，“解放”台湾受到美国出兵阻挠而无法实现。鉴于国共两党在坚持一个中国原则，反对美国制造“一中一台”“两个中国”的立场上具有高度“默契”，台湾问题出现国际化、复杂化的倾向，以及祖国大陆进入全面建设社会主义时期需要一个和平的国际环境，因此中央提出了和平解放台湾的主张。

1955 年 5 月 31 日，周恩来总理在第一届全国人大常委会第十五次扩大会议上指出：“中国人民解放台湾有两种可能的方式。中国人民愿意在可能的条件下，争取用和平的方式解放台湾。”这是中国政府第一次公开提出“和平解放”台湾的主张，引起全世界的强烈反响，认为这标志着中共对台政策有了重大调整。

1963 年，周总理根据两岸的最新形势，在总结 10 年来对台工作基本经验的基础上，将毛泽东的对台思想归纳为“一纲四目”。“一纲”指：台湾必须统一于中国，这是原则问题。“四目”是具体的操作方案，指：台湾统一祖国后，除外交上必须统一于中央外，台湾之军政大权、人事安排等悉委于蒋介石；台湾所有军政及经济建设一切费用不足之数，悉由中央政府拨付；台湾的社会改革可以从缓，必俟条件成熟，并尊重蒋之意见，协商决定后进行；双方互不派特务，不做破坏对方团结之举。“一纲四目”的提出，是我党对台政策由“解放台湾”向“和平统一”方向转变的标志。

视频 6：“和平统一、一国两制”基本方针形成的四个阶段

20 世纪 70 年代以后，随着国内外形势的变化，和平统一的可能性大大增加。十一届三中全会后，中国共产党为完成祖国统一大业，解决历史遗留的港、澳、台问题，经由邓小平倡导，中国政府自 1979 年开始逐步形成并最终确立了“和平统一、一国两制”的基本方针和科学构想。其内容体现在“叶九条”“邓六条”“江八点”“胡四点”内容中。

“一国两制”基本方针的主要内容是：争取和平统一，但不承诺放弃使用武力；具体的是，积极推动两岸实现“三通”；主张通过和平谈判实现统一，在一个中国原则下什么都可以谈；充分尊重台湾同胞当家作主、管理台湾的愿望，统一后台湾保持社会制度和生活方式等不变。

必须明确，中国政府一再强调，以何种方式解决台湾问题是中国的内政，“不承诺放弃使用武力”，绝不是针对台湾同胞的，而是针对“台独”分子和干涉中国统一的外国势力，是为争取实现和平统一提供必要的保障，诉诸军事是最后的、不得已的被迫选择。

（二）“一中”内涵的“九二共识”

1987 年年底，长达 30 多年的两岸隔绝状态打破后，两岸人员往来和经济、文化等各项交流随之发展，同时必然

会衍生出种种问题。为因应两岸关系发展的需要及解决问题，台湾于 1990 年 11 月 21 日成立了得到官方授权的与大陆联系与协商的民间性中介机构——“财团法人海峡交流基金会”（海基会），出面处理官方“不便与不能出面的两岸事务”。为便于与海基会接触、商谈，国台办推动并于 1991 年 12 月 16 日，在大陆成立了社会团体法人性质的民间团体海峡两岸关系协会（海协会），并授权以坚持一个中国原则作为两岸“两会”交往和事务性商谈的基础。

“九二共识”这个名词，是 2000 年 4 月 28 日，由当时台湾行政机构的“大陆委员会”主委苏起自创并公布的。据苏起本人 2006 年 2 月 21 日的公开说明，在 1992 年“两岸两会”香港会谈后，国民党对两岸现状，一直想要以“一个中国，各自表述”即“一中各表”来取代两岸间的共识。但大陆坚持“一个中国”，且这个“一中”指的中华人民共和国，台湾则看重“各表”。苏起认为，用“九二共识”这个新名词，在字面上取代“一中各表”，有利于为两岸持续交流沟通找到双方都能接受的共同点。

“九二共识”是指 1992 年 11 月大陆的海协会与台湾的海基会就解决两会商谈中如何表明双方关系性质问题所达成的“海峡两岸均坚持一个中国原则”的共识。

五、《反分裂国家法》出台及意义

（一）台湾政治生态

台湾地区采用选举政治，比较形象地被称为“选战”，其参选人的政治立场和意识形态往往以颜色为划分标志，如把大陆叫“红色”。在两岸问题的立场上，最早有“蓝色和绿色”即蓝绿之分，后来为和蓝绿区隔，又有“橘色”等其他色彩。

蓝色、蓝军、蓝营，最早在政治立场和意识形态上，多指跟随蒋氏父子败逃到台湾的大陆军、民，以中国国民党党徽“青天白日”的底色——蓝色为基调。这些大陆各省的“新移民”，政治立场和意识形态上，坚持和认同大陆和台湾同属于一个中国，就是“蓝”色，或者蓝军、蓝营。深蓝和泛蓝由此衍生，他们也被称为“外省人”。

而绿色、绿军、绿营，初期是为了对抗中国国民党代表的所谓“权贵阶层”，认为自己代表了台湾本省中下层民众——如农民和果农的利益。因为农民或果农的庄稼和果树的叶子多是绿色，民进党把自己的党徽的底色设计为绿色基调，且党徽上只有台湾岛的本岛地图，以此来彰显这个“台独党”的理念。

一句话，“蓝色”是指台湾具有反对台独属性的政党、社会团体、组织，主要包括国民党、新党等；“绿色”是指台湾支持台独的政党、团体、组织，主要包括民进党、时代力量、台湾联盟等，这些人自称“本省人”。

这些“本省人”中的绝大多数，是17世纪跟随郑成功移民台湾的大陆人，仅比跟随蒋氏父子的“新移民”早了300年而已，且大多是“三闽子弟”。因为1949年败逃台湾的这些大陆人，来自大陆的各个省份，站在所谓“本省人”的角度，他们被统称为“外省人”。

（二）“法理台独”与“公投法”修正案

2000年民进党首次上台后，搞“台独”的最大特点

就是推行“法理台独”。“法理台独”又称“渐进台独”或“曲线台独”。具体做法：在法律上扫除阻碍台独的障碍，如推进“修宪”（即通过修改宪法使得大陆和台湾的领土范围不再重叠）或“制宪”（即通过更加激烈的干脆制定新的宪法的手段——因为，大陆法系国家制定新宪法这个行为本身就等于向世界昭告：我是个刚建立的主权独立的国家）；或者进行领土变更公投，或废除国民党执政时制定的国家统一纲领，又或者在签证（即“护照”）上加“台湾”字样等。使台湾在所谓“中华民国”外壳不变的情况下，完成“两岸互不隶属”的“一边一国”的“宪法改革”，彻底割断两岸间的“法理脐带”。待到日后时机成熟，进行所谓“全民公决”，届时大言不惭假托台湾独立是民意选择的结果。由于“法理台独”打着“一人一票”的“民主”招牌，对于期望“当家作主”的台湾民众，具有相当大的蛊惑性、煽动性和欺骗性；对于两岸关系的发展及祖国的和平统一具有极大的危害性。

2017 年 12 月 12 日，蔡当局通过了“公投法”修正案，“公投”年龄从 20 岁下调到 18 岁，大幅降低了“公投”提案及通过门槛，如将“公投”提案联署门槛由 5% 降为 1.5%，通过门槛由同意票达投票权人总额 1/2 降为 1/4。以 2016 年台湾地区领导人选举为例，具有投票权资格的选民 1880 万，“公投”提案门槛由约 9.4 万人（千分之五）降为约 1880 人（万分之一），联署门槛由约 94 万人减为约 28 万人，通过门槛由同意票约 940 万票降为 1/2 的约 470 万票。如此，“公投”提案变得容易，通过率大为提升，为“法理台独”创造了条件。

知识拓展：公投

公民投票之意，是指公民就被提议的事情、方案、议题等，表明赞成与否时所举行的投票，简称公投。

在国际法上，一个地区可以进行“独立公投”的条件是：一是殖民地中的公民；二是两个以上主权国家之间的争议地区的公民。

显然，台湾不是中国人在殖民中国人，台湾不是殖民地，也没有第二个国家跟中国争夺台湾。“台独”公投没有资格、不具条件。另外，国际先例中，公投还有一种方式，那就是全体国民而不是部分公民，即不是一国中的某一地区或某一个省区域内的民众参与的公投。如 2016 年 6 月 23 日的英国全体国民“脱欧公投”。从这个意义上讲，是否允许“台湾独立”此类大事的公投，必须是由包括大陆约 14 亿和台湾的 2350 万人在内的全体中国人参与的公投。因此，台湾作为中国的一个地区不具备“独立公投”的依据和条件。

2017 年 12 月 13 日，国台办发言人安峰山在例行新闻发布会上表示，大陆方面已经多次表明，坚决反对任何势力以任何方式包括以所谓“公投”的方式来进行“台独”分裂活动，或者为“台独”分裂活动打开方便之门，两岸同胞对此应该保持高度警惕。

“公投法”虽然把领土变更等重大事项排除在外，但其现实危害性和深远影响不容忽视：一方面是修法内容为蔡当局推动“法理台独”预留了可能的漏洞和后门；另一方面“公投”门槛的降低对两岸关系长远发展造成重大威胁。可以预见的是，未来岛内“公投”活动数量将剧增。“公

投”具有凝聚群体认同、区分“他我”和“自我”的功能，每一次“公投”都可能是“台独”分子加深区分与大陆不同的“生动实践”。因此，即使是与两岸不相关的“公投”，也会对两岸关系发展造成长远危害。

（三）《反分裂国家法》出台

在“台独”势力疯狂鼓吹“文化台独”和“法理台独”的背景下，2005 年 3 月 14 日，中华人民共和国第十届全国人民代表大会第三次会议通过的一部关于台湾海峡两岸关系的法律——《反分裂国家法》，同日经中华人民共和国主席胡锦涛签署并立即予以实施。

《反分裂国家法》共 10 条，1000 字左右，内容简明扼要，重点突出。主要内容有：

第一，立法宗旨、立法依据和适用范围。法律规定：“为了反对和遏制‘台独’分裂势力分裂国家，促进祖国和平统一，维护台湾海峡地区和平稳定，维护国家主权和领土完整，维护中华民族根本利益，根据宪法，制定本法。”

第二，对台的原则立场及台湾问题的性质。法律明确规定：“世界上只有一个中国，大陆和台湾同属一个中国，中国的主权和领土完整不容分割。”将一个中国原则法制化，在这一原则立场下，“国家绝不允许‘台独’分裂势力以任何名义、任何方式把台湾从中国分裂出去”。同时，明定台湾问题是中国内战遗留问题，解决台湾问题是中国的内部事务，“不受任何外国势力的干涉”。法案还引用《宪法》中的条文，即“完成统一祖国的大业是包括台湾同胞在内的全中国人民的神圣职责”，既体现《反分裂国家法》与《宪法》的关联性，又体现全中国人民“完成统一祖国大业”的共同意志。

第三，重点突出以和平方式实现国家统一。以法律的形式确立实现国家统一的方式、前提，即“坚持一个中国原则，是实现国家和平统一的基础。以和平方式实现国家统一，最符合台湾海峡两岸同胞的根本利益”。法律也规定了在“维护台海地区和平稳定、发展两岸关系”方面采取的措施，即“五个鼓励和推动”：两岸居民往来；两岸经济交流与合作，直接通邮通航通商；两岸科、教、文、体、卫交流；两岸共同打击犯罪；有利于维护台湾海峡地区和平稳定、发展两岸关系的其他活动。以法律的形式还规定实现和平统一的途径是“台湾海峡两岸平等的协商和谈判”。体现了“没有人比我们更希望通过和平的方式实现祖国统一”的诚意和“尽最大努力维护广大台湾同胞福祉”的善意。谈判所涉及的所有议题不仅与大陆一贯的“在一个中国原则下，什么都可以谈”的态度一致，同时使得议题具体化、扩大化。

第四，核心部分是原则性地说明“采取非和平方式和其他必要措施”解决“台独”分裂问题的三大判断标准、决策机构及程序等。最引人瞩目的是三大标准，即“台湾分裂势力以任何名义、任何方式造成台湾从中国分裂出去的事实，或者发生将会导致台湾从中国分裂出去的重大事变，或者和平统一的可能性完全丧失”。以法律的形式划出“台独红线”，表明全体中国人民反对“台独”分裂、捍卫国家主权和领土完整的共同意志。《反分裂国家法》提出使用“非和平方式”的前提，又强调“尽最大可能保护台湾平民和在台湾的外国人的生命财产安全和其他正当权益”等，在以往没有先例，是审议《反分

裂国家法》的创举，主要是强调立法是针对“台独”分裂势力，不是针对台湾人民及在台湾的外国人，也不会影响大陆台商的权益。

视频 7：《反分裂国家法》的特点

《反分裂国家法》是一部促进两岸关系发展、推进两岸和平统一的法律，是一部维护国家主权和领土完整、反对和遏制“台独”分裂、维护台海地区和平稳定的法律，是一部符合中华民族根本利益的法律。《反分裂国家法》必将对反对和遏制“台独”、维护台海地区的和平稳定及促进两岸关系的良性发展发挥重大的现实作用，并对推动祖国和平统一进程产生深远的影响。

六、中华民族伟大复兴与祖国完全统一

中华民族伟大复兴是所有中华儿女的共同理想，实现中国完全统一是民族复兴的必然要求。十八大以来，习近平总书记在中共以往妥善把握现代化建设与对台工作相互关系的基础上，更加辩证、有机地把国家总体发展战略与对台战略“融为一体”，进一步明确了两岸关系和平发展是民族复兴重要组成部分、寓统一于民族复兴、以发展推进统一的总体思路。党的十九大报告在充分肯定过去 5 年对台工作取得的新进展，在深刻总结十八大以来对台工作理论和实践创新的基础上，提出了今后一个时期对台工作的指导思想、重要理念、目标任务、原则方针和主要措施，体现了我党对台大政方针一以贯之的坚定性、与时俱进的

开创性，集中反映了习近平总书记推进祖国统一大业的新理念、新主张、新要求，构成了新时代中国特色社会主义思想和基本方略的重要组成部分，对做好新时期对台工作具有重要指导意义和深远历史意义。

（一）新时代对台工作的根本目标和主要任务

报告强调“解决台湾问题、实现祖国完全统一，是全体中华儿女共同愿望，是中华民族根本利益所在”。这一对台工作根本目标的重要宣示，体现了实现中华民族伟大复兴的必然要求，彰显了全体中华儿女追求祖国统一的坚定决心和不可撼动的民族意志。

十九大报告明确对台工作的主要任务是“推动两岸关系和平发展，推进祖国和平统一进程”。党的十八大以来，习近平总书记多次指出，两岸关系和平发展是通向和平统一的正确道路。全面建成小康社会、实现“第一个百年”奋斗目标并向“第二个百年”奋斗目标迈进，要求我们努力维护和推动两岸关系和平发展，营造有利的台海环境。同时，维护和推动两岸关系和平发展，也是在为最终实现祖国统一创造和积累条件，扎实推进祖国和平统一进程。

（二）新时代对台工作的基本方针和基本原则

报告强调：“必须继续坚持‘和平统一、一国两制’方针。”“和平统一、一国两制”是我们解决台湾问题的基本方针，也是实现国家统一的最佳方式。我们将继续以最大诚意、尽最大努力争取和平统一的前景，因为以和平方式实现统一最符合包括台湾同胞在内的中华民族的整体利益。

报告强调：“一个中国原则是两岸关系的政治基础。体现一个中国原则的‘九二共识’明确界定了两岸关系的根

本性质，是确保两岸关系和平发展的关键。”

这是总结两岸关系发展历程作出的重要结论，表明了在涉及两岸关系根本性质这一大是大非问题上，我们任何时候都不会动摇、不会妥协。

报告特别指出：“承认‘九二共识’的历史事实，认同两岸同属一个中国，两岸双方就能开展对话，协商解决两岸同胞关心的问题，台湾任何政党和团体同大陆交往也不会存在障碍。”这为破解当前两岸关系政治僵局指明了方向，表明了我们对与台湾各党派交往的态度是开放的、标准是一致的，展现了最大善意。

（三）新时代对台工作的重要理念和主要措施

报告强调：“两岸同胞是命运与共的骨肉兄弟，是血浓于水的一家人。我们秉持‘两岸一家亲’理念，尊重台湾现有的社会制度和台湾同胞生活方式，愿意率先同台湾同胞分享大陆发展的机遇。我们将扩大两岸经济文化交流合作，实现互利互惠，逐步为台湾同胞在大陆学习、创业、就业、生活提供与大陆同胞同等的待遇，增进台湾同胞福祉。我们将推动两岸同胞共同弘扬中华文化，促进心灵契合。”这是对同胞之爱、手足之情的最生动表达，体现了我们对台湾同胞因特殊历史遭遇和不同社会环境而形成的特有心态的理解和包容，以及在追求国家统一进程中对拉近两岸同胞心理距离，促进心灵契合，增进共同的国家、民族、文化认同的高度重视。报告提出的一系列促进两岸各领域交流合作的重大政策举措，体现了习近平总书记关于深化两岸经济社会融合发展的重要思想，反映了我们为台湾同胞谋福祉、办实事，希望台湾同胞能搭上大陆发展快车、分享大陆发展机遇的诚意。这对增进两岸同胞亲情和福祉，增强对两岸命运共同体认知，形成共谋民族复兴合力有重大意义。

（四）新时代反对“台独”分裂图谋的坚定意志和鲜明态度

报告强调：“我们坚决维护国家主权和领土完整，绝不容忍国家分裂的历史悲剧重演。一切分裂祖国的活动都必将遭到全体中国人坚决反对。我们有坚定的意志、充分的信心、足够的能力挫败任何形式的‘台独’分裂图谋。我们绝不允许任何人、任何组织、任何政党，在任何时候、以任何形式、把任何一块中国领土从中国分裂出去。”这是我们党对历史对人民的庄严承诺和责任，在关乎国家主权和领土完整的重大原则问题上清晰划出了红线，表达了我们的坚定意志，展现了我们的战略自信。当前，岛内“台独”分裂势力在文化、教育等领域不断推行“去中国化”活动，鼓噪“台独修宪”。我们要高度警惕形形色色的“台独”活动，绝不容忍“法理台独”分裂行径，也绝不坐视“渐进台独”侵蚀和平统一的基础。

视频 8：十九大开篇

（五）新时代对包括台湾同胞在内全体中华儿女的殷切期望和伟大号召

报告最后强调：“实现中华民族伟大复兴，是全体中国人共同的梦想。我们坚信，只要包括港澳台同胞在内的全体中华儿女顺应历史大势、共担民族大义，把民族命运牢牢掌握在自己手中，就一定能够共创中华民族伟大复兴的

美好未来。”树立团结凝聚海内外中华儿女共同奋斗的精神旗帜，体现了寄希望于台湾同胞的一贯立场，必将极大地鼓舞和激励广大台湾同胞参与到维护和推动两岸关系和平发展、实现中华民族伟大复兴进程中来。

习近平总书记在作十九大报告对台工作部分时，庄严的人民大会堂会场连续7次爆发出长时间的热烈掌声，这表明习近平总书记阐述的党中央对台大政方针和原则立场，凝聚了全党全国各族人民追求国家统一的共同心愿和反对“台独”分裂的坚定意志，在全体党代表中引起强烈共鸣，得到衷心拥护。

台湾问题始终与中华民族的命运、与中国的兴衰紧紧联系在一起。一个自身分裂而不能统一的国家，可以是一个大国，但绝不可能成为一个世界强国。台湾问题产生至今已近70年，虽是历史长河中的一瞬，但时间却也算不短。《三国演义》开篇有言，“合久必分，分久必合”。统一在中华民族历史上是常态，而分裂是暂时的、相对的。崇尚统一，是中华民族几千年来形成的根深蒂固的价值观。博大精深的中华文化，使得中华民族有着十分强大超乎寻常的凝聚力。因此，从历史的视角看，海峡两岸最终走向统一，是一种历史的必然，是大势所趋、人心所向。

随着中国大陆经济实力的不断增强和民主法治的进一步完善，经过一个时期的两岸关系和平发展、两岸全方位的民间大交流，统一最终一定会成为两岸同胞的共同选择。

思考题：

1. 谈谈完成祖国统一的途径和时机（武统、和统、融统等）。

2. 如何理解台湾问题的实质及其在中美关系中的地位？

3. 如何理解一个中国原则的“九二共识”及其在祖国统一进程中的作用？

4. 怎样理解中华民族伟大复兴与祖国统一问题？

专题六　新时代中国特色大国外交解读

党的十九大是党在全面建成小康社会决胜阶段、中国特色社会主义发展关键时期召开的一次十分重要的会议。习近平同志所作的十九大报告内容丰富、思想深邃、意义深远，是发展新时期中国特色社会主义的行动纲领。习近平同志关于中国特色大国外交的论述言简意赅、亮点纷呈、立意高远，报告对中国外交在21世纪的地位、角色和战略内涵进行了准确、清晰、科学的定位。他在报告中明确指出："中国将高举和平、发展、合作、共赢的旗帜，恪守维护世界和平、促进共同发展的外交政策宗旨，坚定不移在和平共处五项原则基础上发展同各国的友好合作，推动建设相互尊重、公平正义、合作共赢的新型国际关系"，呼吁"各国人民同心协力，构建人类命运共同体，建设持久和平、普遍安全、共同繁荣、开放包容、清洁美丽的世界"，向世界亮明了中国外交的大方向，把中国外交战略提升到了历史性的新高度，充分展现了中国外交的中国特色、中国风格和中国气派。

一、中国特色大国外交的提出

2013年6月27日，中国外交部部长王毅在第二届世界和平论坛午餐会上发表演讲，宣布当代中国正在积极探索走出一条有中国特色的大国外交之路。在新一届政府成立后的100天，也是担任外交部部长后的首次公开演讲，王毅的讲话备受外界关注。特别是王毅明确提出了“中国特色的大国外交”，以及“突出互利共赢”“追求公平正义”“弘扬中华文化”“提供公共产品”“倡导新型义利观”“承担国际责任”等一系列新提法，标志着中国外交进入了大国外交的新阶段。

（一）改革开放以来我国外交的发展历程

韬光养晦，是汉语的一个成语，主要是隐藏才能、不使外露的意思。在20世纪80年代末，这个成语被邓小平拿来，阐述中国在当时情况下的外交战略方针。这一思想，是建立在对中国国情的深刻认识和对世界局势的全面把握基础之上的。其根本点是要寻找有利时机，发展和壮大自己；是要审时度势，争取主动，独立自主；是要坚持社会主义的旗帜不倒，增强中国走社会主义道路的信心。

知识拓展：韬光养晦

“韬光养晦”，是汉语的一个成语，主要是隐藏才能、不使外露的意思。在20世纪80年代末，这个成语被邓小平拿来，阐述中国在当时情况下的外交战略方针。面对东欧剧变、社会主义阵营瓦解而出现的不稳定形势，邓小平同志提出“冷静观察、稳住阵脚、沉着应付、韬光养晦”的外交战略。

在中国刚刚改革开放时间不长、各行各业百事待兴的

情况下，内部的发展非常需要一个良好的外部环境，中国外交尽量“低调”，在国际事务中不出头、少参与或者不参与，在小的利益面前可以“忍辱负重”，但在核心利益面前绝不屈服，这种“内方外圆”的策略为中国的发展创造了一个相对良好的外部环境和机遇。

这一期间，我国的经济建设和国防科技获得了空前的大发展。正是由于韬光养晦，我国造出了航母，造出了高铁，创造了宇宙第一速度的计算机；我国飞出了神舟，飞出了天宫，飞出了航空站，飞向了天外天；我国把孔子学院开到了美国，开到了欧洲，开遍了全世界；正是由于韬光养晦，才有今天国产战鹰新型无人机佩着“八一”勋章追风逐日、四海巡弋。

通过实施“韬光养晦”的外交政策，我们和韩国建交，邀请日本代表访华，与东南亚一些国家建交，一系列的和平发展方式，克服了被孤立的局面。可以说，“韬光养晦”的外交策略的确为当时各方面基础薄弱、落后的中国赢得了发展的空间和时间，也为今日中国的强大奠定了基础。

但与此同时，因为韬光养晦，我们的国家和人民也忍受着巨大的屈辱、遭受着巨大的挑战。先后发生了四个事件：一是“银河号”货轮被强行检查事件；二是军事演习导弹无法追踪目标事件；三是中国南联盟大使馆被炸事件；四是飞行员王伟失踪事件。

视频1：中国韬光养晦战略提出前中国发生的4个重点事件

长期以来，强权政治、霸权主义一直主导着西方国际关系。这是一个有时不得不接受的现实。这些事件的发生，对当时的中国是一个个巨大的刺激。让中国认识到，要不想蒙受屈辱，就必须发展经济，增强国力。发展才是硬道理，实力方是真功夫。

20多年过去了，中国发生了让世界惊艳的变化：不仅成了世界第二大经济体，而且中国有了自己的天网“北斗”卫星导航系统，有了自己的远洋海军，中国军舰常年在亚丁湾海域护航；中国的航母已经入列，更多航母还在建造中。

2012年12月9日，习近平同志在接见驻穗部队师以上领导干部时强调：“实现中华民族伟大复兴是中华民族近代以来最伟大的梦想。这个伟大的梦想，就是强国梦，对军队来讲，也是强军梦。”

（二）中国特色大国外交的提出背景

十九大报告提出推动构建新型国际关系、构建人类命运共同体的总目标，是中国共产党人在深刻分析国际国内形势，统筹国际国内两个大局，着眼发展安全两件大事的基础上提出的，有着深刻的历史渊源和时代背景。

1. 顺应了时代发展的需要

当今世界正处在一个大发展、大变革、大调整时期，在世界多极化、经济全球化和社会信息化三大趋势深入发展的推动下，各国利益出现新的变化、实力出现新的消长、政策出现新的变动，国际战略形势也出现深刻的变革和复杂的调整。在全球化发展背景下，中国对外关系面临新的形势，主要表现在：一是全球化进程加速和深化带来的问题；二是西方逆全球化倾向加剧带来的问题。

视频2：全球化进程与中国对外关系

同时，中国对外关系也面临新的挑战，主要表现在五个方面：一是如何看待中国与外部世界的关系？二是新时代如何界定和维护国家利益？三是新时代如何坚持国家对外战略目标？四是如何处理好中国和美国的关系？五是如何处理好中国和周边国家之间的关系？六是如何处理好中国国内发展和国际责任之间的关系？

视频3：中国对外关系面临的挑战

全球化是一把双刃剑。一方面，一些国家充分利用全球化实现了经济增长；另一方面，一些国家也因为全球化越来越贫穷。贫富分化日益严重，地区热点问题此起彼伏，恐怖主义、网络安全、重大传染性疾病、气候变化等非传统安全威胁持续蔓延，人类面临着诸多的挑战。

实践已经证明，单边主义、零和博弈的全球扩张即使能得利于一时，也终究不能抵抗“历史兴亡周期律”。没有哪个国家能够独自应对人类面临的各种挑战，也没有哪个国家能够退回到自我封闭的孤岛。必须顺应时代发展潮流，顺应全球化的潮流。所以习近平同志强调：“我们不能因现实复杂而放弃梦想，不能因理想遥远而放弃追求。”我们追求的是什么？就是要构建新型国际关系，构建人类命运共同体。

知识拓展：零和博弈

所谓零和，是博弈论里的一个概念，意思是双方博弈，一方得益必然意味着另一方吃亏，一方得益多少，另一方就吃亏多少。之所以称为“零和”，是因为将胜负双方的

“得”与“失”相加，总数为零。在零和博弈中，双方是没有合作机会的。这种零和博弈在相当意义上主导了近代以来的国际关系，导致了国家与国家之间的利益争夺，导致了国与国之间的争霸。

视频4：“零和博弈”无法应对风险挑战

2. 中国共产党的使命担当使然

过去，国际体系是由发达国家和西方世界主导的。虽然在发达国家和西方世界的推动下，在推动产业和技术革新、塑造由西方国家主导的“文明高地”方面取得了巨大成就，但也带来了诸多问题。比如，利益分配不均，造成有的国家越来越富，有的国家越来越穷。阶层分配严重失衡，引发了民族主义、国家主义、极端主义等思潮合力推动的“逆全球化”潮流，出现了反全球化运动。这与时代发展潮流是背道而驰的，世界追求和平与繁荣的探索遭受了重大挫折。“世界怎么了，我们怎么办”成为国际社会共同关注的内容。

十九大报告亮明了中国共产党人的使命担当，指出：“中国共产党是为中国人民谋幸福的政党，也是为人类进步事业而奋斗的政党。中国共产党始终把为人类作出新的更大的贡献作为自己的使命。”这种气魄凸显了中国共产党的历史自觉、国际视野和世界关怀。中国共产党不仅是要为中国人民谋福利，也要给世界人民谋福利。这既是中国共产党同其他国家政党的重要区别，也是中国共产党树立起的国际形象。

3. 国际国内发展为实现这一目标提供了客观可能

新世纪以来，中国外交呈现不断提升之势，中国与其他国家相互依存程度的加深、互利共赢格局的强化把中国与世界更加紧密地联系在一起。中国已经从世界舞台的边缘走入中心，成为世界舞台上具有举足轻重影响的大国，形势的发展变化要求中国对自身外交进行新的思考和探索。

从国际看，和平与发展仍然是时代的主题。世界各国相互联系日益紧密，相互依存日益加深，国际力量对比更趋平衡，和平发展大势不可逆转。坚持和平发展道路，构建人类命运共同体，超越了国别、党派和制度的异同，反映了大多数国家的普遍期待，符合国际社会的共同利益。

1991 年苏联解体、冷战结束，美国成为世界上独一无二的超级大国。20 世纪 90 年代，中国经济开始腾飞但还不足以产生世界影响。2001 年美国经历恐怖袭击，后发动伊拉克战争付出巨大代价，2008 年又遭遇金融危机，经济再遭重创。中国较好地规避了经济危机，总体实力得到提升。2016 年中国经济增长对世界经济增长的贡献率达到 33.2%，国际力量格局的转型已经出现了前所未有的变化。如果说苏联解体后国际社会进入新的转型期，那么新世纪以来转型期则有了明显变化，中国实力不断上升，美国实力相对下降。

从国内看，中国经济总量已经位居世界第二。2010 年，中国的 GDP 总量超过日本而成为世界第二大经济体，中国成为具有世界影响的经济大国。中国经济增长持续保持世界经济增长的引擎地位，对世界经济增长贡献率超过 30%，中国的国际地位显著提升，中国日益走近世界舞台中央，中国有能力做出更大的贡献。

中国的发展是一个规模大国的发展，也是一个发展中大国的发展。如何更好地将大国综合实力转化为大国外交能力，成为关乎国运也关乎人类命运的重大问题。中国可以为发展中国家走向现代化提供新的路径，为探索更好的社会制度提供中国方案，为解决人类问题贡献中国智慧。

2013 年 6 月 27 日，中国外交部部长王毅在第二届世界和平论坛午餐会上发表演讲，宣布当代中国正在积极探索走出一条有中国特色的大国外交之路。2014 年 11 月 28—29 日，国家主席习近平在中央外事工作会议上发表重要讲话，指出中国必须有自己的特色大国外交。在党的十九大报告中，习近平同志进一步旗帜鲜明地提出，中国特色大国外交的总目标是推动构建新型国际关系，推动构建人类命运共同体。

中国特色大国外交正经历由“发展中大国”向“发展中强国”、由“边缘”向“中心”、由弱向强、由地区性强国向有全球性影响的大国的转变，正经历由量到质的转变，大国特色蔚然成形。中国特色大国外交的形成与中华民族伟大复兴密切相关，而中国复兴的成败在相当程度上也取决于中国特色大国外交能否有效推进。

二、中国特色大国外交的内涵和特点

中国特色的大国外交是中国特色和平发展道路、中国特色社会主义理论、中国特色社会主义制度、中国特色社会主义道路、中国特色社会主义文化在外交形态和外交本质上的体现，是“四个自信”在外交领域的表现。

（一）中国特色大国外交的内涵

中国特色大国外交具有重要的思想内涵，这就是中国的世界秩序观、国际责任观和国家利益观。

中国的世界秩序观，以坚持联合国宪章宗旨和原则为立足点，以维护国际秩序总体稳定和可持续发展为出发点，以推动新型国际关系为着力点。

中国的国际责任观，以公平、平等、正义为基础，以合作共赢为原则，以关切发展中国家利益为重点，以建立人类命运共同体为目标。

中国的国家利益观，是以捍卫主权、安全、发展三大国家核心利益为重心的三位一体综合安全思想。

大国外交，既立足本国，也放眼世界。中国实施大国外交，根本一点就是不仅以中国观世界、也以世界观中国、以世界观世界，并在这种积极互动中展示具有鲜明中国特色的大国外交理念和外交实践。

（二）中国特色大国外交的特点

1. 中国特色大国外交是面向全球的外交，以国际化促进自己新一轮改革开放，同时推动和帮助别国的开放和国际化

中国外交已经别无选择，必须要面向世界。过去 200 多年以来的中国，多集中思考如何以弱抗强。改革开放以来的新中国需要考虑如何建立自己的强国战略，这不仅需要战略眼光，同时也需要能力建设上的充分准备。要有强强合作的意愿，也要有强强对话的信心。21 世纪的全方位外交要求中国从全球视野看待问题，强化战略性构想。大格局、大视野、大布局是中国特色大国外交的一大特点。历史使命感和纵深感驱动的中国外交正在形成新的全球世界观，体现了中国对国际政治、全球事务新角色的重新认识和新的世界意识的出现。全球视野、全球布局充分体现出习近平主席外交思想的风格和气魄。

2. 中国特色大国外交不是针对大国的外交

中国特色大国外交是基于中国作为大国而展开的外交，而不是针对大国的外交。中国特色大国外交是以大国的责任和担当对人类社会做出更大贡献，而不是与世界上其他大国争夺主导权和霸权。中国特色大国外交的目标不是谋霸和称霸，而是谋求联合自强与合作，即不仅是谋求自身的壮大与发展，同时也要推动人类社会的繁荣与发展。

3. 中国特色大国外交注重综合和整体的考虑

中国的大国外交正在改变原有的以双边为主的外交模式，而更加注重多边，更加重视区域和全球范围的事务，同时也更加重视综合和整体的考量，包括经济与政治的结合，政治与安全的结合。即使是安全本身，也更强调综合安全的理念。

4. 中国特色大国外交具有鲜明的中国特色

中国的国际地位的提升和国际身份的转变，要求中国具有责任意识和责任能力。“从时空角度来说，中国特色大国外交的特点，在纵向上基于中国在国际体系中地位的变化，在外交上表现为从只集中于国内的‘发展外交’转变为承担更多国际责任；在横向上基于中国在‘发展中国家’‘社会主义国家’和‘东方文明国家’的三重身份下，走出一条不同于西方的大国外交之路。”

视频 5：中国特色大国外交“特色”

三、以天下情怀推动打造人类命运共同体

（一）人类命运共同体的提出

视频 6：人类命运共同体提出的背景

“我们从哪里来、现在在哪里、将到哪里去？”这是人类文明发展的永恒之问，也是当今世界都在思考的时代课题。构建人类命运共同体，让和平的薪火代代相传，让发展的动力源源不断，让文明的光芒熠熠生辉，是中国给世界提交出的一份思考人类未来的“中国方略”，展现出中国领导人面向未来的长远眼光、博大胸襟和历史担当。2017 年 3 月 17 日，构建“人类命运共同体”重要理念首次载入联合国安理会决议，体现了这一理念已经得到广大会员国的普遍认同，也彰显了中国对全球治理的巨大贡献。

（二）人类命运共同体的内涵

2015 年 9 月 28 日，习近平主席在出席第七十届联合国大会一般性辩论时，发表题为《携手构建合作共赢新伙伴 同心打造人类命运共同体》的主旨演讲，全面阐述了打造人类命运共同体的内涵。在党的十九大报告中，对人类命运共同体的内涵作了进一步明确的阐述。这个共同体就是“持久和平、普遍安全、共同繁荣、开放包容、清洁美丽的世界”。

1. 持久和平

习近平指出，和平犹如空气和阳光，受益而不觉，失之则难存。没有和平，发展就无从谈起。构建持久和平，世界各国都应该坚决摒弃冷战思维和强权政治，以对话解决争端、以协商化解分歧，做和平的维护者和促进者。

2. 普遍安全

世上没有绝对安全的世外桃源，一国的安全不能建立在别国的动荡之上，他国的威胁也可能成为本国的挑战。“单则易折，众则难摧。”单打独斗搞“独自强大”或者“自扫门前雪”不行；迷信武力损害他人的安全福祉，走殖民主义、霸权主义、结盟对抗的老路更不行。各国应该走合作安全、集体安全、共同安全的新路，着力实现共同（所有的人、所有的国家）、综合（涉及政治、经济、军事、外交、环境、文化等各个领域）、合作、可持续的安全。

3. 共同繁荣

“一花独放不是春，百花齐放春满园。”世界各国在考虑自身利益、做好自己的事的同时，不能损害其他国家利益，必须同舟共济，努力加强政策协调（比如宏观经济政策、财税政策、货币政策、汇率政策等方面的政策协调），减少负面外溢效应（不能损害到别的国家），让世界各国实现联动增长，在普惠中追求共赢。

4. 开放包容

世界各国虽然国情不同、发展阶段不同、面临的现实挑战不同，但推动经济增长的愿望相同，应对危机挑战的利益相同，实现共同发展的憧憬相同。在经济全球化出现波折，保护主义、内顾倾向抬头的时候，多边贸易体制受到冲击。保护主义政策如饮鸩止渴只会是损人不利己。世界各国应该坚决避免以邻为壑，维护世界贸易组织规则，支持开放、透明、包容、非歧视性的多边贸易体制，坚定

做开放型世界经济的倡导者和推动者。

5. 清洁美丽

要坚持环境友好，推动经济、社会、环境协调发展，保护好生态环境，构筑尊崇自然、绿色发展的生态体系，实现人与自然、人与社会的和谐。要落实联合国《2030 年可持续发展议程》，合作应对气候变化，保护好人类赖以生存的地球家园。

这 5 个方面形成了打造人类命运共同体的总布局和总路径，描绘了国际关系发展的美好前景，成为中国特色大国外交理论创新的重大成果，其要旨在于要解决我们这个星球面对的各种全球性挑战，建立起崇尚世界大同、人类一家的共同世界。

“宇宙只有一个地球，人类共有一个家园。”“人类命运共同体”理念超越以往西方国家主导的国际关系体系，回应了西方国家逆全球化的现象，强调以整个人类为基本单位，超越狭隘的意识形态、国家之间或者不同文明、文化、宗教之间的一些分歧和冲突，让人类社会迎来更广阔的空间、更明确的方向。正如习近平主席指出的：“只要我们牢固树立人类命运共同体意识，携手努力、共同担当，同舟共济、共渡难关，就一定能够让世界更美好、让人民更幸福。”

四、以合作共赢为核心构建新型国际关系

中国是首个将合作共赢作为处理国与国关系目标的大国。党的十八大以来，“新型国际关系”在习近平总书记的公开讲话与文章中出现次数超过 50 次。面对错综复杂的国

际形势，如何才能有效应对全球危机，保障国际和平、安全和发展？这是各国都在思考的问题。而倡导以合作共赢为核心的新型国际关系正是寻求处理好国家间关系、保持国际社会稳定发展的“中国方案”。

（一）新型国际关系的提出

所谓国际关系，即国家间关系以及国家与非国家行为体的关系。国际关系格局，是指在一定时间内，在一流强国力量对比基础上，形成的国际秩序及利益分配体系，简称国际格局或世界格局。“二战”后，国际关系格局经历了由以欧洲为中心的传统国际关系格局、美苏两极格局到美国一家独大格局的过程。

2013 年 3 月，习近平开启当选国家主席后的首次出访。在俄罗斯的莫斯科国际关系学院演讲时，首次提到“新型国际关系”：“面对国际形势的深刻变化和世界各国同舟共济的客观要求，各国应该共同推动建立以合作共赢为核心的新型国际关系，各国人民应该一起来维护世界和平、促进共同发展。”从此，“新型国际关系”不断出现于各种国际场合，在处理国际关系时用于表达中国立场，展现“中国方案”。

2014 年 6 月，习近平在和平共处五项原则发表 60 周年纪念大会上发表主旨讲话时指出，和平共处五项原则精辟体现了新型国际关系的本质特征，是一个相互联系、相辅相成、不可分割的统一体，适用于各种社会制度、发展水平、体量规模国家之间的关系。

新型国际关系“新”在哪儿？在 2015 年 3 月的中国发展高层论坛年会上，中国外长王毅在发言中给出了答案：

以合作取代对抗，以共赢取代独占，不再搞“零和博弈”和赢者通吃那一套。用在处理中美等大国关系方面，“新型大国关系”也带有打破大国冲突对抗的传统规律、避免“修昔底德陷阱”的含义。

知识拓展：“修昔底德陷阱”

“修昔底德陷阱”说法源自古希腊著名历史学家修昔底德的观点。公元前5世纪，雅典城市急剧崛起震惊了陆地霸主斯巴达。双方之间的威胁和反威胁引发战争，长达30年的战争结束后，两国均遭毁灭。这位历史学家总结说：“使得战争无可避免的原因是雅典日益壮大的力量，还有这种力量在斯巴达造成的恐惧。”“修昔底德陷阱”是指，当一个崛起的大国与既有的统治霸主竞争时，双方面临的危险——正如公元前5世纪希腊人和19世纪末德国人面临的情况一样，这种挑战多数以战争告终。

视频7：中美关系与“修昔底德陷阱”

在中美关系问题上，国内外有不少学者认为，崛起大国必然与霸权国家发生对抗。美国有个叫米尔斯海默的教授，他写了一本书叫《大国政治的悲剧》，他认为崛起大国和守成大国之间的对抗不可避免。他说，尽管崛起大国和守成国家可能会意识到这种可能性并采取各种措施避免这种对抗，但最终还是避免不了，这就是大国政治的悲剧，就像古希腊的悲剧一样，俄狄浦斯预感他要杀死他的父亲，并千方百计地避免这种情况的出现，最终还是杀死了他的父亲。米尔斯海默认为，中美之间最终也是这样一个悲剧。受上述观点的影响，国内外不少人对中美能否和平相处持非常悲观的态度。如何处理中国与美国的关系成为新时代中国外交面临的挑战。

（二）新型国际关系的内涵

习近平同志倡导建立的新型国际关系与传统国际关系不同。十九大报告对新型国际关系的内涵作了明确的阐述：

1. 相互尊重

相互尊重强调的是，要摈弃传统的以强凌弱的丛林法则，坚持国家不分大小、贫富、强弱，要一律平等，各国主权范围内的事情只能由本国政府和人民去管，要尊重各国根据各自国情选择发展道路，坚决反对外部势力干涉国家内政。

2. 公平正义

公平正义强调的是，世界的命运必须由各国人民共同掌握，世界上的事情应该由各国政府和人民共同商量来办。要尊重彼此的关切、照顾彼此的利益，捍卫联合国宪章宗旨和原则，维护国际关系基本准则，推动制定平衡反映各方利益和关切的国际规则，确保各国发展权利平等、机会平等、规则平等，营造公正合理的国际秩序。

3. 合作共赢

合作共赢强调的是，奉行双赢、多赢、共赢的新理念，扔掉过去那种我赢你输、赢者通吃的旧思维，不能把世界长期发展建立在一批国家越来越富裕而另一批国家长期贫穷落后的基础之上。世界各国无论大小，都要在追求本国

利益的时候兼顾他国合理关切，把本国利益同各国共同利益结合起来，努力扩大各方共同利益的汇合点，增进人类共同利益。在谋求自身发展的同时，积极促进其他各国共同发展，让各国和各国人民共同享受发展的成果。

视频8：以合作共赢为核心构建新型国际关系

（三）构建新型国际关系的着力点

推动构建新型国际关系、构建人类命运共同体，总书记呼吁国际社会要从五个方面着力：

在政治上，“要相互尊重、平等协商，坚决摒弃冷战思维和强权政治，走对话而不对抗、结伴而不结盟的国与国交往新路”。结伴和结盟有什么区别？结伴是一起前行，结盟是以相互对立的集团进行对抗。

在安全上，“要坚持以对话解决争端、以协商化解分歧，统筹应对传统和非传统安全威胁，反对一切形式的恐怖主义”。

在经济上，“要同舟共济，促进贸易和投资自由化便利化”。也就是说，贸易投资要自由，要开放，要便利，在开展国际交往中，不能设置各种壁垒，包括技术壁垒、法律壁垒、政策壁垒，这对发展都是不利的。“要推动经济全球化朝着更加开放、包容、普惠、平衡、共赢的方向发展。”开放，就是要让国与国之间的经济交流更加自由便利；包容，就是不同国家、不同制度、不同发展水平的国家之间能够彼此包容；普惠，就是所有的国家都能够得到好处；平衡，就是不能出现一部分国家特别富有、一部分国家特别贫穷的情况。

在文化上，“要尊重世界文明多样性”。各种文明，都要获得尊重，不存在一种文明比另一种文明好的情况。要“以文明交流超越文明隔阂、文明互鉴超越文明冲突、文明共存超越文明优越”。

在生态环境上，“要坚持环境友好，合作应对气候变化”。不管是发达国家还是发展中国家，也不管是陆地国家还是海洋国家，要共同来应对气候的变化，要共同承担义务和责任，从而保护好人类赖以生存的地球家园。

世界远不太平，挑战依然严峻。面对全球挑战与热点问题，中国在保持战略定力的同时，积极有为，勇于担当，已成为乱局中的稳定器、变局中的正能量。

中国外交战略的调整，向世界传递着一个负责任大国的气度胸怀，同时也为中国成为一个在世界上有影响力的大国打下了坚实基础。

五、以大国作为捍卫世界和平与发展

中国作为社会主义大国，愿意为人类社会的发展承担更多的历史职责。中国共产党作为为人类进步事业而奋斗的政党，愿意在建设新型国际关系、构建人类命运共同体方面身体力行，作出表率，坚定不移地走出一条与传统大国不同的强国之路。所以，习近平同志在报告中从外交方针、外交布局、外交重点、国际治理等多个角度出发作了重大部署。

（一）外交方针：坚定奉行独立自主的和平外交政策

这既是对国际社会的庄严承诺，也是中国外交的底线

所在。

第一，尊重各国人民自主选择发展道路的权利，反对把自己的意志强加于人，反对干涉别国的内政。第二，维护国际公平正义，反对以强凌弱。也就是说，大国不能欺负小国，强国不能欺负弱国。在国际社会里，无论是在国与国的相处上，还是在国际贸易谈判、投资谈判、气候谈判等各个领域，各国之间都是公平的。第三，中国绝不会以牺牲别国利益为代价来发展自己，中国发展不对任何国家构成威胁。第四，中国奉行防御性的国防政策。中国无论发展到什么程度，永远不称霸，永远不搞扩张。

与此同时，中国也将坚守底线，决不放弃自己的正当权益，任何人不要幻想让中国吞下损害自己利益的苦果。“敢于亮剑、勇于担当”，这是党的十八大以来中国外交最鲜明的底色。“中国人民不信邪也不怕邪，不惹事也不怕事。”无论是在钓鱼岛问题上、南海问题上、台湾问题上，还是在西藏问题上、香港问题上，中国都坚持自己的底线不动摇，捍卫中国的领土完整、主权完整。

（二）外交布局：积极发展全球伙伴关系

习近平同志关于积极发展全球伙伴关系的思想，既是对中国外交实践经验的总结，也是着眼新的国际形势和中国自身发展需要，对新时代中国外交布局的系统阐释，是未来中国大国外交的基本遵循。党的十八大以来，习近平同志高度重视打造全球伙伴关系。他既是积极发展全球伙伴关系的最高谋划者，也是积极发展全球伙伴关系的坚定实践者。5 年来，他出访了 28 次，飞行里程约 57 万千米，累计时长达 193 天，走遍了世界五大洲的 50 多个国家及主要国际和区域组织，以点带面、点面结合、全面均衡、整体推进，使我们的“国际朋友圈”越来越大，形成了遍布全球的伙伴关系网络。截至2016年年底，中国已同97个国家和国际组织建立了不同形式的伙伴关系，形成了全方位、多层次、立体化的外交布局。在党的十九大报告中，习近平同志又对打造全球伙伴关系作了系统部署，要求从各方面用力：

1. 抓住大国这个关键，努力构建总体稳定、均衡发展的大国关系框架

基调是稳定、均衡。抓手有两个：一个是扩大同各国的利益交汇点；另一个是推进大国协调和合作。重点是推动中美新型大国关系、中俄全面战略协作伙伴关系、中欧全面战略伙伴关系、中英面向21世纪全球全面战略伙伴关系等大国关系。

2. 发挥周边的首要作用，深化同周边国家的关系

与美国相比，中国的周边环境要复杂得多。第一，邻国多。中国有14个陆上邻国，8个海上邻国，其中朝鲜和越南既是中国的陆上邻国，又是海上邻国，所以中国的邻国加在一起有20个。第二，与邻国的关系复杂。我们的邻国国家大小不一样、社会制度不一样、意识形态不一样。第三，中国与周边国家存在诸多历史遗留问题，存在陆上领土问题、海域争端问题等。所以中国在处理复杂的周边关系时就需要格外慎重。只有周边稳，国家的外部环境才能稳。

发展跟周边国家的关系，基调是深化，就是要进一步加深感情，加深经济的融合度，深化交流与合作。理念上

要坚持亲、诚、惠、容：亲，就是彼此成为好朋友、好邻居；诚，就是相互要真诚；惠，就是要普遍受益；容，就是要彼此包容，相互尊重。重点是深化与东盟国家、中亚国家、蒙古、巴基斯坦、印度等国的关系，努力处理好与日本、朝鲜、越南、韩国等国的关系，处理好朝鲜半岛问题、领土领海冲突等问题。

3. 强化发展中国家的基础性作用，加强同发展中国家的团结合作

毛泽东同志曾说过，是非洲朋友把我们抬进联合国的。这说明，中国在国际社会拥有一席之地，需要广大发展中国家的支持。那么，如何发展与发展中国家的关系呢？基调是加强团结、加强合作。理念上要坚持真实亲诚。处理方式上坚持正确义利观，强调义利兼顾、以义为先、弘义融利。重点是加强与非洲、拉美、中东、东欧等各个国家和地区的团结合作。

4. 利用好多边这个重要舞台，着力提高中国国际影响力、感召力、塑造力

要充分利用多个舞台表明中国态度、宣讲中国主张、倡导中国理念、贡献中国方案、体现中国智慧。重点是提高我国的话语权，提高我国的国际影响力、感召力、塑造力，并且为共同创造人类美好未来作出中国贡献。重要舞台包括联合国、国际货币基金组织、世贸组织、世界银行、G20 等国际性组织，也包括上合组织、金砖国家集团、APEC（亚太经合组织）、亚信峰会等区域性组织，以及我国自己主导的“一带一路”国际合作高峰论坛、亚投行等。

5. 加强同各国政党和政治组织的交流合作

外交是多领域、多渠道的，重点是要推进人大、政协、军队、地方、人民团体等多渠道的对外交往，推动政党外交、民间外交深度发展。

（三）基本国策：坚持对外开放

习近平同志指出：“开放带来进步，封闭必然落后。中国开放的大门不会关闭，只会越开越大。”这既是对世界的庄严承诺，也是在“逆全球化”暗流涌动的大背景下展现出的中国胸怀、中国风格、中国立场、中国贡献。那么，怎么对外开放？重点有三个方面：

1. 着力打造好“一带一路”国际合作平台

“一带一路”倡议提出以后，在国际社会产生强烈反响。随着“一带一路”建设的不断深入，国际社会对“一带一路”倡议的认同感和参与度也越来越高。“一带一路”倡议已经成为统筹国内国际两个大局的世纪方案，成为将世界的机遇转化为中国的机遇、将中国的机遇转化为世界的机遇，最终实现“两个转化”的重要平台，成为新时期中国对外开放战略的新引擎，成为高举和平发展两面大旗的伟大旗帜，成为推动“人类命运共同体”建设的庞大工程，成为推动国际治理变革、构建制度性话语权的总抓手，成为全球最大规模的国际合作平台，成为最受欢迎的国际公共产品。随着“一带一路”建设的不断深入和推进，必将助推中华民族伟大复兴，必将为人类社会实现共同发展、持续繁荣、长治久安注入新的强大活力。

2. 承诺承担更多国际义务

主要是加大对发展中国家特别是最不发达国家援助力

度，促进缩小南北发展差距。

3. 推动建设开放型世界经济

重点是通过支持多边贸易体制，促进自由贸易区建设，着力打造富有活力的增长模式、开放共赢的合作模式、平衡普惠的发展模式。

（四）中国作为：积极参与全球治理体系改革和建设

视频9：中国担当：以大国作为捍卫世界和平与发展

十八大以来，中国作为维护世界和平与发展的重要力量，在国际上提出了公平、开放、全面、创新的新发展观，提出了共同、综合、合作、可持续的新安全观，提出了义利相兼、以义为先的正确的义利观，提出了共商共建共享的新全球治理观，彰显了中国作为世界和平的建设者、全球发展的贡献者、国际秩序的维护者的责任和担当。中国正成为全球治理进程中最为活跃、最为积极的力量。

中国的外交实践和成就表明，中国共产党人不仅有信心、有能力建设好自己的国家，也有信心、有能力来带动各国共同发展。不仅能够为人类探索更好的社会制度提供中国智慧，也能够为发展中国家走向现代化提供新的路径。党的十九大再次发出最强音，中国将继续发挥负责任大国作用，积极参与全球治理体系改革和建设，将从以下四个方面不断贡献中国智慧和中国力量：第一，将继续推动国际关系民主化，建立共商共建共享的全球治理体系。第二，将继续支持联合国发挥积极作用，积极参与制定海洋、极地、网络、外空、核安全、反腐败、气候变化等新兴领域治理规则，推动全球治理体系变革。第三，将继续支持扩大发展中国家在国际事务中的代表性和发言权。第四，将继续为全球治理体系改革和建设贡献中国主张和中国方案。

中国方案造福世界，中国贡献世所瞩目。十九大召开之后，国际社会对十九大报告高度关注，也给出了高度的评价。法国前总理拉法兰表示，中国是一支和平稳定的力量。韩国有学者说，中国正成为全球治理的引领者。西班牙有经济学家指出，中国正在成为世界经济和金融秩序的领导者，各国应该走哪条路，未来在哪里，请看一看中国。由此可见，中国现在在国际社会的影响力、感召力、塑造力是大幅提升的。

在以习近平同志为核心的党中央的坚强领导下，中国特色大国外交将紧紧围绕统筹国内国际两个大局，围绕发展安全两件大事，重视策略运筹，加强顶层设计，树立底线思维，下好“先手棋”、打好“主动牌”、牵住“牛鼻子”，把握战略主动权，不断开创中国外交的新局面，谱写人类美好未来新篇章。

思考题：

1. 中国特色大国外交的内涵和特点是什么？

2. 什么是新型国际关系？为什么要建立新型国际关系？

3. 为什么要建立人类命运共同体？人类命运共同体的概念及内涵是什么？

专题七　关于特朗普政府内外政策及中美关系的走向

特朗普胜选和上台执政是自2016年以来世界舞台上最抓眼球的重大事态之一。自2015年6月16日特朗普在纽约正式宣布参选美国总统算起，在3年多的时间，这位地产大亨以异乎寻常的举止言行，不断在美国内政外交领域投下震撼弹。尤其是他的上台执政，为美国和整个世界带来了巨大的不确定性。在特朗普统治下，美国的内政外交将呈现怎样的走势？中美关系将如何演进？

一、特朗普现象与当前的美国政治生态

在这场以2016年美国大选引发的大变局中，特朗普无疑是剧变的风暴眼，它对美国产生的冲击超过了自“二战”以来历次的大选，已经远远超出一般意义上的政党轮替。特朗普的参选、胜选、上台执政实际上是一场社会政治运动发生、发展、展开的过程，正在并将继续对美国的政治生态产生长久和深刻的影响。

特朗普在竞选之前是美国著名的地产商人，并且通过

主持真人秀节目《飞黄腾达》而获得了相当可观的公众影响力。尽管如此，他没有任何从政经验。因此当他正式宣布参选美国总统时，不少观察家并未将他当作总统宝座的有力竞争者，而是视作为自己企业别出心裁地打广告。然而他不仅在共和党初选中接连击败拥有丰富政治经验、被共和党精英寄予厚望的前佛州州长杰布·布什、参议员卢比奥、科鲁兹等人，一举夺下共和党总统提名，而且在最后冲刺阶段，面对实力强大的希拉里、党内的众叛亲离、主流媒体一边倒的攻击、录音门丑闻，最终上演了惊天大逆袭，完成几乎所有不可能完成的使命，成为第 45 任美国总统。

如果将特朗普参选、胜选、上台执政作为一个完整链条来观察特朗普现象，我们会更加发现这一现象所折射的美国政治生态的深刻变化。

（一）2016 年的大选是一场“非常规”的选举

政治“圈外人”特朗普利用后金融危机时代美国中下层的强烈不满和整个社会的普遍焦虑，以参选总统的方式引爆了一场“特殊”的社会运动。

从形式上看，2016 年大选无疑仍是美国两大政党共和党和民主党角逐最高行政权力和立法主导权的争斗，这种戏码每 4 年都会在美国上演一次。在去年，共和党和民主党分别在特朗普和希拉里的带领下，又展开了一场捉对厮杀。然而，只要我们深入了解选情就会发现，这种两党的竞争在 2016 年的大选中充其量只是一种形式，真正的剧情更像是

视频 1：特朗普“一个人的战争”

特朗普一个人与共和、民主两个党的战争。

视频 2：美国大选的“黑天鹅”事件

在美国的政治光谱中，特朗普原先只是一个政治局外人，没有任何的从政经验，其党派属性也非特别明显，根据纽约市选举委员会记录，抛开之前在别处的选民登记不算，仅自 1987 年在纽约曼哈顿登记为共和党人以来，特朗普就 5 次变更党派归属，因此在某种程度上说，他连坚定的共和党成员都算不上，而且举止乖张、口无遮拦，在参选过程几乎触碰了美国所有的政治禁忌。自宣布参选之后，他遭到了共和党建制派的层层阻击。2016 年 3 月，正当特朗普在共和党初选中气势如虹之际，共和党大佬、2012 年竞选过总统的罗姆尼站出来公开指责特朗普是“骗子、欺诈者”，“把美国人民当傻子”。更有 60 名共和党情报、安全、外交界的大佬联名公开反对特朗普，表示要竭尽全力阻止他。当他冲破共和党的层层阻击，成功获得共和党总统候选人提名，直接面对强大竞争对手民主党总统候选人希拉里之后，他受到了美国政治精英几乎联合一致的围剿，主流媒体几乎是一边倒地支持希拉里，许多共和党大佬也纷纷与特朗普划清界限，有人甚至表示要把选票投给共和党的对手希拉里。然而就是在这场一个人与美国两大政党的战争中，其结局却是特朗普凭借一己之力将共和党俘获，并将民主党挑落马下，让世人大跌眼镜。

特朗普逆袭成功，看似是一个人的胜利，其实质是美国政治生活中长期积累的大量深层次矛盾的集中爆发，反映了金融危机的大背景下，美国社会普遍存在的焦虑情绪。

美国外交学会会长理查德·哈斯指出，此次大选是在3.2亿美国人的情绪“如果算不上公然愤怒，也是严重焦虑”的情况下进行的；“反对当权派的参选人正是这种心情的受益者”。在选举过程中，特朗普抓住美国社会的痛点和焦虑，并用一种夸张的方式将这些痛点和焦虑激发了出来，为他所用。

视频3：“奇葩总统”当选的“合理”性

金融危机以来，美国经济遭受重创，复苏缓慢，各种矛盾不断累积，其中两个最突出的问题是，日益严重的不平等，及组织严密的利益集团对政治制度的控制。这些年来，美国的中产阶级在不断萎缩，已从20世纪80年代的60%以上，下降到去年的不足50%，相当数量普通民众的收益感也因为低迷的经济形势以及全球化等因素的影响而受到重挫。然而与此同时，精英寡头们依旧纸醉金迷，整个政治体制却对日益扩大的社会问题视而不见或有意回避。而当越来越多的普通民众对于生活现状感到不满，试图寻求改变的时候，华府的政治精英们依旧忙于利益争斗，以至于府院之争、政府关门、预算危机等闹剧屡屡上演，国家的政治机器在空转，本应当造福公众的政府沦为政客的秀场。可以说，近年来美国民众，尤其是中下层民众对政治的不满上升到一个前所未有的水平，他们热切希望一个与原先的体制没有多少关系的局外人来打破这样的政治格局。

在这一大背景下，原本参政热情不高的广大基层选民，尤其是身处所谓“锈带”和偏远乡村地区的白人蓝领阶层

选民不再沉默，他们不约而同形成了一股强大的参政合力，改写了大选的结果。选举过程展现的是美国中下阶层对建制派的反叛、白人主体意识的“觉醒”、农村乡镇与中心城市的对决，是美国社会阶级矛盾、种族矛盾和城乡矛盾的一次大爆发。实质性的较量在两大力量之间展开：一方是以白人中下阶层劳工为主体，由特朗普所代言的，持强烈民族主义和民粹主义内外政策主张，高举反权势、反精英政治大旗，誓言打破现有力量格局；另一方是传统的权势集团和精英阶层，要竭力维护既得的权力和政治规范，力图将反建制的民粹主义政治势力控制在现行的政治和社会框架中，以便用较为温和的改良方式缓解业已极度激化的政治和社会矛盾。结果，权势集团完全失去控制，代表民粹主义的反建制力量取得胜利。

（二）反建制总统非同寻常的执政之路

视频 4：反建制总统非同寻常的执政之路

2017 年 1 月 20 日，美国迎来了一位特殊的新总统。尽管到目前为止，特朗普上台执政只有一年多的时间，但其历程与 2016 年大选不输伯仲，同样是波澜起伏、充满张力。在上台的第一天，特朗普就在就职演说中亮明了自己的身份和立场：“ 今天的就职典礼有着特殊的意义。因为今天，我们不只是将权力由一任总统交接到下一任总统，由一个政党交接给另一政党。今天我们是将权力由华盛顿交接到了人民的手中，即你们的手中。长久以来，华盛顿的一小群人攫取了利益果实，代价却要由人民来承受。华盛顿欣欣向荣，人民却没有分享到财富。政客们塞满了腰包，工作机会却越来越少，无数工厂关门。建制派保护的是他们自己，而不是我们国家的公民。”我们知道，在通常情况下，经过激烈的党争选举，社会的裂痕往往会扩大，新总统虽然由一派力量支持产生，却是全民共同的总统。这时，新总统往往会呼吁和解、团结、弥合分歧。而特朗普的这篇就职演说更像是对建制派的一份宣战书。

在选举投票前夕，特朗普便抛出了“百日新政”计划，政治上，取消所有奥巴马发出的“违宪”的决策、备忘录和法令，将为国会议员设立任期限制；国会议员离任后 5 年内不得从事游说工作；前白宫官员终身禁止代表外国政府游说；禁止外国游说者为美国选举募集资金；联邦政府冻结招聘新雇员等。在经济上，特朗普表示将在 10 年时间内创造 2500 万个新就业岗位，将商业税率从 35% 减少到 15%，中产将得到最大的税务减免；宣布退出 TPP，重新进行谈判或废除北美自贸区协定等美国现有国际贸易协议；解除美国能源生产限制，撤销基础设施投资障碍，将应对气候变暖的资金用于其他环境项目。在社会政策上，撤销和替换奥巴马医保法案；开始遣返大约 200 万的非法移民罪犯，倘若对方国家不愿意接收，则取消对方国家的签证；全力资助南部边境的隔离墙的修建，并确保墨西哥会补偿美国的修墙支出；暂停从有恐怖主义倾向的且移民审查失效的国家接受移民；所有来美国的移民必须接受极端审查，等等。

为了自己的政治抱负和实现竞选承诺，特朗普上台伊始就采取了一系列非同寻常的举动，其中最引人关注的就是行政令治国和推特治国。

行政令治国。在 2016 年的大选中，特朗普不仅赢得了白宫宝座，而且他所代表的共和党也赢得了国会参众两院的多数。这种“一致政府”的局面本来相当有利于他推行政策议程。总统面对一统政府形势，通常会增强府会合作，在重大政策问题上通过立法手段稳步推进自己的政策主张。总统通过行政措施强行进行重大政策变革，往往是在府会党派控制权分立，总统无法通过国会立法实现自己政策意图时不得已而为之的手段。然而，特朗普一上台，便反其道而行之，为了快速兑现竞选承诺，便以行政令的方式作为施政的主要手段。在其就职后 7 个多月的时间里推出总计 100 多项总统行政令、总统备忘录，涉及政治、经济、社会以及外交等各个领域。 其中一些举措如废除奥巴马医改、签证与难民限制以及退出 TPP、在美墨边境修墙等在国内引发巨大争议。

推特治国。在选举期间，特朗普就在各参选人中间以爱用推特著称。事实上，自 2009 年以来，特朗普一直使用推特这一账户，其粉丝已经达到 1940 万，总共发帖 3.4 万条。在推特中，他经常评点时政、讽刺媒体、挖苦别人、发泄情绪，语不惊人死不休，造成了许许多多轰动的效果。2017 年 3 月，他在接受英国《金融时报》采访时表示：“如果不是推特上的推文，我到不了白宫。”自当选总统后，据美国有关机构随机抽样调查显示，有 64% 的美国人希望候选总统关闭推特账户。然而，特朗普不为所动，依然我行我素，毫不掩饰自己对推特的钟爱。在接受福克斯新闻频道采访时，特朗普表示“拥有自己的媒体”。他表示：“在美国历史上，没有一个人像我这样遭受了不诚实媒体的对待，推特对我来说十分重要，让我能够表达自己的观点。”这种做法在他当选后造成一系列轰动性的效果，例如，2016年12月3日，特朗普与台湾领导人通电话，打破中美建交38年以来的禁忌，美国和国际舆论一片哗然，纷纷表示质疑，奥巴马政府也急忙出来澄清，而这时特朗普却发推特声称：“真逗，美国卖数以亿计的军火给台湾，我却不能接一通祝贺电话。”进一步给中美关系带来极大困扰。2017年1月6日，特朗普推特抨击波音公司卖的新空军一号太贵，计划取消订单，波音股价下跌1%、市值蒸发10亿美元。它给美国社会各个方面以及国际社会带来许多问题和困惑。

总之，特朗普独特的理念和治理方式正在给美国的整个政治生态包括阶层关系、族群关系、行政部门的运作、府会关系、行政司法关系、政党关系、政府和媒体关系带来一系列新的问题。美国内斗和分裂都在加深，有人把特朗普形容为“一头闯入瓷器店的公牛”，从中我们可以看到，他所闯入的“瓷器店”更多的应当是美国自身。

二、特朗普政府对外政策的理念

视频5：特朗普对外政策的基本理念：“美国第一”

特朗普上台执政给美国国内政治带来诸多变化的同时，在对外政策领域也出现了一些新的变局，按照一些说法，特朗普治下的美国，已在国际秩序与全球化趋势中扮演起“最大的不确定因素”。作为一位反建制人物，特朗普对外政策的理念概括起来讲就是其经常挂在

嘴边的“美国优先”。所谓的“美国优先”并非什么全新的理念，实际上是美国社会中曾经出现、被长期压制或边缘化的本土主义、孤立主义、狭隘民族主义、重商主义、粗鄙的利益算计的一种大融合。主要有以下基本观点：

（一）依靠阻断“非本土”因素解决美国问题

特朗普将当前美国所面临的问题界定为“非本土”的，是由外部世界的“他者”带来的。因此，如果要解决美国面临的问题就必须要阻断这些“非本土”因素的牵扯或介入。这其中包括强化边境执法、在美墨边境筑墙、大规模驱逐非法移民、全面禁止穆斯林入境，从而确保工作机会不被非法移民夺走，国土安全免于外部威胁。

（二）视美国外部责任为负担

特朗普认为美国过度地承担了国际安全的责任，让美国的盟友免费搭车。而这些盟友不知感恩，反而经常以一种道义上的后现代主义的形象出现，并时不时地批评美国，把美国的“不正常的无私”视为理所当然。为此，他要求盟国为美国分担负担，称“美国在保护欧洲、亚洲盟友安全上花费了数万亿美元，这些国家必须为此付费”，否则“美国就应让他们自生自灭”。

（三）“买美国货，雇美国人”

特朗普从经济民族主义的视角看待美国与外部世界的经济联系，认为美国在战后多边自由贸易体系中吃亏了，倾向于从“零和”视角审视国际关系特别是国家间的经济关系。例如，在选举期间，特朗普将中美经济关系看作一场“战斗”——中国正在“掠夺”美国，美国正在“输掉战斗”。

（四）强调“以实力求和平”

特朗普认为，实力才是国家安全和利益的根本保障。尤其强调军事实力是处理国与国关系最重要的基础；特朗普反复强调美国要“支出必要的经费来重建美国军队”，形成历史上最强大的军力，“外交的一切都始自强大的军力”。同时美国还要有足够的经济实力，以奖赏那些与美国合作的国家。

（五）重视大国关系并相信大国能够基于理性达成良好关系

特朗普认为大国是国家关系中最重要的行为者，与中、俄等大国的关系是其对外战略的关键，“与中国和俄罗斯打交道，将继续是美国长期的最大挑战”。他崇尚强力，认为通过基于实力的强硬政策，美国能与中、俄等国建立良好关系。“在实力基础上改善与俄罗斯的关系是可能的”，“美国要先向中国人强硬”，“剥夺中国人的优势”；但是“一个强大、聪明的美国一定能与中国交好，未来的中美关系会好于当前”。

（六）以国家利益作为国家行为准则

不谋求迫使他人接受美国的生活方式，对推广美国的价值观不感兴趣。虽然特朗普也强调美国应该重振西方价值观，但是他反复宣称“不会试图去传播普世价值，因为不是每个人都认同这种价值观”，“美国是否应介入其他国家的冲突，应基于美国的国家利益是否被威胁”，美国不应继续输出价值观，也不要强行出头，因为“美国的制度不一定适合所有国家”。

三、特朗普当政与中美关系新互动

中美关系是当今世界上最重要也最复杂的双边关系。世事巨变，特朗普的当选也为中美关系投下了不确定的阴影。中美关系何去何从，更是牵动全世界的目光。

（一）特朗普的中国观

就总体而言，作为美国历史上首位没有任何从政经验的政治“圈外人”，特朗普本人对中美关系的复杂性缺乏了解。与此同时，鉴于中国影响不断上升以及经商期间与中国打交道的经历，他形成了一些特有的有关中国的认识。这些无疑将对其任内美国政府的对华政策产生重要影响。梳理特朗普在竞选期间涉华的有关言行和2017年1月20日正式上任之后处理对华关系的有关举措，我们可以发现，特朗普有关中国的认知大体上可归纳为以下两点：

1. 两个中国

视频6：特朗普的中国观之一：“两个中国”

特朗普对他心目中的中国有过一个概括性说法：当今的世界不得不与“两个中国”打交道。一个是“好的中国”：这个“中国”建起了大城市，为数亿人提供住房和教育，允许其公民到世界各地旅游，接受教育，创造出不断壮大的中产阶级。他称自己“非常了解中国，跟中国在生意上的关系非常好”。他对中国的领导人抱有敬意：“他们的领导人都太聪明，远超我国领导人。这让我们无所适从……就像是新英格兰爱国者（美国职业橄榄球队）对阵高中的校队一样。这就是（两国领导人的）差距。”还有，在2016年的大选中，特朗普经常用中国在经济和基础设施方面取得的成就来抱怨美国在这方面的不足。他称："你现在到中国去，看到的道路、桥梁、学校，都是你从未见过的。他们的大桥让（连接新泽西与纽约的）华盛顿大桥看起来就像小土豆。而且那样的大桥（在中国）到处都是。"对"好的中国"，特朗普认为可以发展合作，与之进行交易。特朗普还说："要进入一个繁荣的新世纪，修复与中国的关系是另一重要步骤……我们和中国有庞大的贸易赤字，我们必须尽快找到方法来平衡这种赤字。强大、聪慧的美国一定能和中国结成好友。我们可以彼此获益，而互不干涉。"

另一个则是"不好的中国"。这样一个"中国""盗窃了美国400万～700万就业岗位"，"坐拥5050亿美元贸易盈余"，"放任人民币贬值"，"进行不公平贸易"，"盗窃知识产权"，在南海和朝核问题上不尊重美国，是美国经济问题最主要的外部原因。关于经贸问题，他称："我们与中国的贸易非常不平衡；我们对中国的贸易赤字是5050亿美元"，"我们同中国有那么大的贸易量，在和中国做生意时，他们向我们征税"。他声称要对中国商品征收45%的进口关税。特朗普反复重申这样的观点，在全球贸易中，中国大获全胜，美国却一败涂地。而对"不好的中国"美国必须强硬、施压、惩罚，逼其就范。

2. 主要从经济的视角看中国

过去我们观察美国总统的对外战略和对华政策思维，基本上是四个维度上的。第一个维度是地缘战略上的，第二个维度是意识形态上的，第三个维度是国家利益特

别是经济利益上的，第四个维度是国际秩序方面的。这些维度上的思考和判断相叠加，就大体构成美国传统的对华战略。自老布什以来的美国历届总统，对这四方面的考虑大体均衡，所以一直以来美国的对华政策相对还是比较稳定和延续的。

视频 7：特朗普的中国观之二：“四个维度”

特朗普之“新”之“特”，就在于他把这四个维度上的考虑排布得非常不成比例。

首先，意识形态方面，几乎不怎么强调了，无论在他的涉华文件、报告还是演讲，以及访问中国的议程中，虽然不是一点儿没有，但同过去相比显然是提得很少了，最多做些表面文章。

其次，国际秩序方面，全世界都已看得很清楚，特朗普领导的美国不想再费时费力做现行秩序的维护者了，对一些理想主义的多边安排持非常负面的态度，甚至在气候变化、多边贸易等领域采取斩钉截铁的单边退出措施。特朗普的逻辑是，长期以来美国在建制派和资本精英的鼓吹下把大量的国家资源耗费在全球事务上，包括在海外打无意义的战争，而不是用于发展自己、改善老百姓生活，所以他的政府必须反其道而行之，集中精力先把美国自己的事情搞好，这才是维护美国竞争力的根本。

第三，地缘战略方面，特朗普本人是商人出身，没有在体制内工作过，上台前没怎么接触过相关的概念，绝非一名地缘政治玩家，上台以后放手让军队、外交官们去处理，自己并没有对美国传统上参与极多的地缘战略操盘和竞争显示出热心。

于是我们看到，经济利益在特朗普对外、对华政策中所占的比例异常高，这是一个前所未有的现象，也是特朗普的“中国观”的主干结构。他最关心的是如何通过与中国打交道，实质性地减少美国的对外贸易逆差，然后把截流的美元用在美国国内，减少财政赤字也好，增加军费也好，扩大基础设施建设投资也好，反正让他的选民们看到就好。

这样一个“反传统的”对华政策结构对我们既是机遇也是挑战。一方面，过去长期困扰中美关系的那些敏感问题，比如人权、劳工权益等，不那么敏感了，所谓“地缘战略竞争”所引起的猜忌和喧嚣也小了不少，省了我们不少心。另一方面，经贸合作的中美关系“压舱石”作用明显弱化了，我们再怎么强调通过互利共赢来稳定两国关系，也很难改变特朗普认为美国在对华交往中“吃了大亏”的心思。毕竟，他和持“另类右翼”思维的美国人在内心是以“零和”方式看经济问题的，始终认为导致美国本土经济困难的最主要外因就是中国竞争和制造业向中国的转移。所以，从根本上讲，特朗普是以经济为出发点审视中国的。

（二）特朗普执政以来的中美关系

在中美关系进入特朗普时期的第一年，我们牢牢把握了以上这种机遇与挑战并存的态势，充分发挥首脑外交、经济外交、军事外交、人文外交等的积极作用，妥善处理了台湾、南海、经贸、朝核等敏感问题形成的障碍，成功地推动两国关系实现了平稳过渡、良好开局。

然而 2017 年年底中美关系似乎又进入了一个重要的节

点。10 月，十九大的胜利召开标志着中国特色社会主义进入了“新时代”。而在 12 月，特朗普在推出其首份《美国国家安全战略报告》的演讲中也宣称，“美国已经进入竞争的新时代”。

中美力量对比在最近 10 年加速向中方的倾斜，引发了美国精英阶层对华疑虑的聚集和升级。2008 年金融危机之前，美方对中国的担忧主要基于中国作为一个崛起中大国的发展潜力。2010 年，中国 GDP 超过日本成为世界第二、制造业超越美国成为世界第一，美国开始将担忧聚焦在中国不断增长的能力上，奥巴马政府推出了“重返亚太”战略。2013 年，中国的一系列举措使美国开始对中国的战略意图产生质疑，其中包括：设立东海防空识别区，被美国解读为拒其于西太平洋之外；南海造岛行动，被美国指责为干扰其“航行自由权”；以及更为宏大的“一带一路”倡议，被美国解读为融“海权论”“大陆中心说”“大陆边缘说”三大地缘战略理论为一体的“世界岛”战略，美国将从此被排挤在世界政治中心舞台之外。

2017 年，随着党的“十九大”确立习近平新时代中国特色社会主义思想，美国战略界对过去美国对华政策的前提假设发生了动摇。自尼克松访华以来，美国历届美国政府都奉行以所谓“接触”为主调的对华政策，该政策除了地缘战略之外的一个重要前提假设就是：随着中国经济现代化，政治自由化也会随之实现。如今，越来越多的美国人认为这一政策培养了一个比日本、德国更为强大的竞争对手。

总之，对中国能力、意图、发展方向三种疑虑的相互叠加，美国对华负面共识正在聚集，并到了关键节点，在美国国内产生了要求改变对华政策“范式”的呼声，与特朗普执政首年在对华贸易政策上的挫败感碰撞，在美国统治阶层内部形成了高度一致的对华战略焦虑，这种情况是自中美建交以来前所未见的。2017 年 12 月，特朗普政府出台的首份《美国国家安全战略》33 处点到中国，赋予中国三个新的定位：“战略竞争对手”“修正主义国家”和“美国实力、影响力与利益的挑战者”。美国商务部否定中国市场经济地位、特朗普签署对华征收关税的总统备忘录、国会通过《台湾旅行法》，这些现象都是美国政治精英对华战略疑虑上升的具体表现。这是一个非常值得注意的动向，是否意味着美国的对华交往范式将发生根本性的转折，中美关系就迎来了向下的拐点，今后将“各走各的阳关道”了呢？

（三）特朗普执政下的中美关系展望

首先，特朗普政府的执行力仍然值得观察，它不大可能在短时间内编制起全面围堵中国的力量，美国社会上也并没有达成“中国竞争”就必然导致“中美对抗”的共识，至多是一种以更加积极主动的方式应对中国竞争力增长的共识。

其次，特朗普政府强调“中国竞争”，在相当程度上是为了激发美国国内的忧患意识，旨在争取各界认同其“美国优先”政策，支持其在贸易、移民、军事等领域的种种做法，具有很强的国内政治考虑。

但必须看到，进入 2018 年的中美关系，在美方对华认知更趋负面的情况下，不大可能像 2017 年这样热络，竞争

性增强的趋势将在不同领域得到具体体现。

首先是在经贸领域。未来相当长一段时期内是中美竞争的核心领域。回想奥巴马任内，对华推行“战略再平衡”，在经济、战略、政治、军事等多领域同时投入资源，在西太平洋地区与中国搞竞争，效果不“佳”。特别是利用菲律宾打“国际仲裁”牌牵制中国一役，架不住中国经济资源丰厚，菲美联手取得的“成果”在杜特尔特当政后便一风吹了，美国在南海实际上“不战而退”了。

视频 8：中美经贸增量空间巨大

特朗普意识到在经济领域加强美国的对华竞争力才是根本之道，将会进一步集中精力推动美国自身的经济复苏和改革，全方位“拼经济”，与中国在世界上争市场、争资源、争话语权的一面将会更加突出。反映到中美双边关系当中，就是经贸争端的压力进一步加大。特朗普政府在 2017 年年底已经会同欧洲、日本否定了中国的市场经济地位，单方面启动了 301 条款对华调查，经贸关系将摩擦不断。

视频 9：中美关系的竞争性有加剧趋势

其次是台湾问题。特朗普在候任期内曾接听蔡英文的电话，甚至扬言抛弃美国的一个中国政策，经过我们的坚决斗争，事态平息下去，加深了特朗普对台湾问题重要性、敏感性和复杂性的认识。然而他执政后更多是把这个问题交给国会和行政部门去处理，而政府部门内的共和党人有“亲台”的传统，这种在微观层面上的放任态度会不会助长棘手事端的出现？美国国会众议院通过的“2018财年国防授权法案”要求国防部长评估美台军舰互停可行性的条款就为我们敲响了警钟。2018年2月28日美国国会压倒性地通过了《台湾交往法》应当说是自《与台关系法》以来动摇中美关系政治基础最严重的步骤。

第三是美国国内政治因素的影响。特朗普上台后，反对他的人始终在想方设法削弱他的执政地位，甚至要把他提前“拉下马”，华盛顿的政治内斗十分激烈，“通俄门”等丑闻还没有平息，2018年又是美国中期选举年。如果执政的共和党在国会参众两院当中失去其中一个的控制权——这在众院不可能，但在参院不是不可能，特朗普的执政处境将大为不同，不排除他在第一个任期的后半段为了转移国内视线对外逞强的可能，届时的中美关系将呈现什么局面？我们还要有所心理准备。

当然，也不能因为特朗普政府出台了把中国当作“战略竞争者”的报告就大惊小怪。经过过去几十年的发展，中美关系的成熟度已经显著提高了，双方支持这一关系稳定发展的人都很多，各领域的对话合作机制也越来越完善，制约消极因素滋长的力量总体是增长的，因而总的还是经得起折腾的。

另外，美国在世界上也还有很多麻烦要去处理——与俄罗斯的关系、与中东国家的关系、与北约的关系，等等，很多事情不是其想抽身就能抽身的，总的也需要中美关系保持相对平稳的发展。

这几年我们与美国打交道的自信在不断增强，这种自信应包括对中美关系前途的自信，不要因为美国说了什么

不好听的话就觉得“天要塌下来了”，只要战略战术拿捏得好，时间在我们一边。

思考题：

1. 试分析特朗普当选美国第 45 任总统的深层原因。
2. 从特朗普的执政历程展望未来的中美关系。

后　　记

本书是集体智慧的结晶。本书撰稿人及撰稿分工如下（按撰写章节顺序排列）：

刘建民（河北科技大学）专题一

朱晨静（河北科技大学）专题二

李鉴修（河北省社会科学院）专题三

甘　玲（河北科技大学）专题四、六

解占彩（河北科技大学）专题五

倪　峰（中国社会科学院）专题七

全书由甘玲、解占彩、刘建民、王莉等统稿，甘玲定稿，张志华、冯景欢负责视频制作。

本教材是河北科技大学“形势与政策”课教学的重要组成部分，其中，参考了许多专家学者的相关成果，有的未一一注明，谨此一并感谢。由于作者水平有限，疏漏之处在所难免，敬请广大读者批评指正。

甘　玲

2018 年 7 月